北大經典課

经典课程编委会 编著

红旗出版社

代序：天下第一好事，还是读书

季羡林

古今中外赞美读书的名人和文章，多得不可胜数。张元济先生有一句简单朴素的话："天下第一好事，还是读书。""天下"而又"第一"，可见他对读书重要性的认识。

为什么读书是一件"好事"呢？也许有人认为，这问题提得幼稚而又突兀。这就等于问"为什么人要吃饭"一样，因为没有人反对吃饭，也没有人说读书不是一件好事。

但是，我却认为，凡事都必须问一个"为什么"，事出都有因，不应当马马虎虎，等闲视之。现在就谈一谈我个人的认识，谈一谈读书为什么是一件好事。

凡是事情古老的，我们常常总说"自从盘古开天地"。我现在还要从盘古开天地以前谈起，从人类脱离了兽界进入人界开始谈。人成了人以后，就开始积累人的智慧，这种智慧如滚雪球，越滚越大，也就是越积越多。禽兽似乎没有发现有这种本领，一只蠢猪一万年以前是这样蠢，到了今天仍然是这样蠢，没有增加什么智慧。人则不然，不但能随时增加智慧，而且根据我的观察，增加的速度越来越快，有如物体从高空下坠一般。到了今天，达到了知识爆炸的水平。最近一段时间以来，"克隆"使全世界的人都大吃一惊。有的人竟忧心忡忡，不知这种技术发展伊于胡底。信耶稣教的人担心将来一旦"克隆"出来了人，他们的上帝将向何处躲藏。

人类千百年以来保存智慧的手段不出两端：一是实物，比如长城等；二是书籍，以后者为主。在发明文字以前，保存智慧靠记忆；文字发明了以后，则使用书籍。把脑海里记忆的东西搬出来，搬到纸上，就形成了书籍，书籍是贮存人类代代相传的智慧的宝库。后一代的人必须读书，才能继承和发扬前人的智慧。人类之所以能够进步，永远不停地向前迈进，靠的就是能读书又能写书的本领。我常常想，人类向前发展，有如接力赛跑，第一代人跑第一棒；第二代人接过棒来，跑第二棒，以至第三棒、第四棒，永远跑下去，永无穷尽，这样智慧的传承也永无穷尽。这样的传承靠的主要就是书，书是事关人类智慧传承的大事，这样一来，读书不是“天下第一好事”又是什么呢？

但是，话又说了回来，中国历代都有“读书无用论”的说法，读书的知识分子，古代通称之为“秀才”，常常成为取笑的对象，比如说什么“秀才造反，三年不成”，是取笑秀才的无能。这话不无道理。在古代——请注意，我说的是“在古代”，今天已经完全不同了——造反而成功者几乎都是不识字的痞子流氓，中国历史上两个马上皇帝、开国“英主”，刘邦和朱元璋，都属此类。诗人只有慨叹“可惜刘项不读书”。“秀才”最多也只有成为这一批地痞流氓的“帮忙”或者“帮闲”，帮不上的，就只好慨叹“儒冠多误身”了。

但是，话还要再说回来，中国悠久的优秀的传统文化的传承者，是这一批地痞流氓，还是“秀才”？答案皎如天日。这一批“读书无用论”的现身“说法”者的“高祖”、“太祖”之类，除了镇压人民剥削人民之外，只给后代留下了什么陵之类，供今天搞旅游的人赚钱而已。他们对我们国家竟无贡献可言。

总而言之，“天下第一好事，还是读书”。

目录

散文卷

诗辞卷

小说卷

戏剧卷

散文卷

综观中国古代和现代的优秀散文，以及外国的优秀散文，篇篇风格不同。散文读者的爱好也会人人不同，仅就我个人而论，我理想的散文是淳朴而不乏味，流利而不油滑，庄重而不板滞，典雅而不雕琢。

——季羡林 国学大师，曾任北京大学教授、副校长

北大經典課

老子（节选）

春秋·老子

天下皆知美之为美[1]，斯恶[2]已；皆知善[3]之为善，斯不善已。

故有无相生，难易相成，长短相形，高下相倾，音声相和，前后相随，恒也。

是以圣人处无为之事，行不言之教，万物作焉而弗始[4]。生而弗有，为而弗恃，功成而弗居。夫唯弗居，是以不去。

【解题】

老子，姓李名耳，字聃，是我国古代伟大的哲学家、思想家，道家学派创始人，曾在东周国都洛邑任守藏史，孔子周游列国时曾向老子问礼。传说他晚年乘青牛西去，并在函谷关前写成五千言的《道德经》（又名《老子》），最后不知所终。老子思想的精华是朴素辩证法。在修身方面，讲究性命双修、虚心实腹、不与人争。在政治上，主张无为而治、不言之教。其思想对后代影响深远。

【注释】

[1]美：美的，一切美好的事物。

[2]恶：丑陋。

[3]善：善良。

[4]万物作焉而弗始：任凭万物生长发展而不强为主宰。

上善若水[1]。水善利万物而不争，处众人之所恶[2]，故几于道[3]。

居善地，心善渊[4]，与善仁，言善信[5]，正[6]善治，事善能，动善时[7]。

夫唯不争，故无尤[8]。

【解题】

世界上最柔的东西莫过于水，然而它却能穿透最为坚硬的东西，没有什么能超过它，例如滴水穿石，这就是“柔德”所在。除此之外，水还具有善于处在低下的位置、滋养万物而不与相争、包容的特征。在本章中，老子认为，最优秀的领导者就应该具有如水一般的、最完善的人格。

【注释】

[1]上善若水：最高境界的善就好像水一样。

[2]处众人之所恶：停在人们最厌恶的地方。恶，厌恶。

[3]故几于道：所以和道差不多。几，相似、差不多。

[4]渊：沉静、清澈的深水。

[5]信：讲信誉，有诚信。

[6]正：公平，不偏不倚。

[7]动善时：把握好时机才行动。时，时机。

[8]无尤：没有过错。尤，过失、差错。

其政闷闷[1]，其民淳淳[2]；其政察察[3]，其民缺缺[4]。

祸兮，福之所倚；福兮，祸之所伏。孰知其极[5]？其无正[6]也。正复为奇，[7]善复为妖。[8]人之迷，其日固久。

是以圣人方而不割[9]，廉而不刿，[10]直而不肆，[11]光而不耀。[12]

【解题】

此章集中表述了老子朴素的辩证法思想。“福”人人向往，“祸”人人避之唯恐不及，从古至今都是如此。但老子却认为福祸并不是对立的，而是可以相互转换的。此言一出可谓振聋发聩，将世人引向一个新的思想境界。

【注释】

[1]闷闷：迟钝、不清楚、不夸夸其谈的样子，含有宽厚、宽泛的意思。

[2]淳淳：淳朴、厚道的样子。

[3]察察：看得清楚，非常计较的样子，有严厉、苛刻的意思。

[4]缺缺：狡诈、不满足。

[5]极：终点、尽头。

[6]无正：没有标准，不能下定论。

[7]正：正常的。奇：奇怪的、奇特的、不正常的。

[8]善：善良的。妖：邪恶的。

[9]方：方正、有原则。割：坚硬，使人不舒服。

[10]廉：清廉、自律。刿：伤害到别人。

[11]直：正直。肆：胡作非为。

[12]光：光芒，做事有个性、有锋芒。耀：刺眼、耀眼。

治大国，若烹小鲜。

以道莅[1]天下，其鬼[2]不神。非其鬼不神，其神不伤人。非其神不伤人，圣人亦不伤人。夫两不相伤，故德交归焉。

【解题】

“治大国，若烹小鲜”，二十世纪七十年代的美国总统里根看到这句话，被深深感动了，并把这句话写进了他的国情咨文。

不多事琐碎，不横生枝节，以平常心对待一切，这就是老子认为的很好的处世态度。

【注释】

[1]莅：以草铺地，作为人的坐席，引申为来临、出席。

[2]鬼：隐藏在人心中自私、邪恶的一面，是邪恶力量的代表。

逍遥游（节选）

战国·庄子

北冥有鱼[1]，其名曰鲲[2]。鲲之大，不知其几千里也；化而为鸟，其名为鹏[3]。鹏之背，不知其几千里也；怒而飞[4]，其翼若垂天之云[5]。是鸟也，海运则将徙于南冥[6]。南冥者，天池也[7]。

齐谐者[8]，志怪者也[9]。谐之言曰："鹏之徙于南冥也，水击三千里[10]，传扶摇而上者九万里[11]，去以六月息者也[12]。"野马也[13]，尘埃也[14]，生物之以息相吹也[15]。天之苍苍[16]，其正色邪[17]？其远而无所至极邪[18]？其视下也，亦若是则已矣[19]。

【注释】

[1]冥：同"溟"，溟溟无涯的大水。水黑色谓之溟海，无风而有百丈洪波。北冥：即北方极远处的大海。

[2]鲲（kūn）：古代传说中的大鱼。

[3]鹏：传说中最大的鸟。

[4]怒：奋起。

[5]垂：通陲，边际。垂天：天边。

[6]海运：即海动。徙：迁移。

[7]天池：天然形成的大池。

[8]齐谐：书名，出自齐国，记载的内容多诙谐、怪异。

[9]志：记述，记载。怪：怪异。

[10]水击：拍击水面。

[11]抟（tuán）：盘旋环绕。扶摇：自下而上的旋风。这里的九万里和前面的三千里都是虚数，表达多的意思。

[12]息：止息。

[13]野马：浮游之气，像野马一样飞奔。

[14]尘埃：天空中带有尘土颗粒的空气。

[15]以息相吹：用气息吹拂游气浮尘使之在空中游荡。

[16]苍苍：深蓝色。

[17]其：这里指大鹏。

[18]极：尽。

[19]是：此，这样。则已：而已。

论语（节选）

春秋·孔子

子[1]曰："学[2]而时[3]习[4]之，不亦说[5]乎？有朋[6]自远方来，不亦乐[7]乎？人不知，而不愠[8]，不亦君子乎？"

有子[9]曰："其为人也孝弟[10]，而好犯上者，鲜矣；不好犯上，而好作乱者，未之有也。君子务[11]本[12]，本立而道[13]生。孝弟也者，其为仁之本与[14]！"

【解题】

《论语》是儒家学派的经典著作之一，由孔子的弟子及其再传弟子编纂而成。它以语录体和对话文体为主，记录了孔子及其弟子言行，集中体现了孔子的政治主张、伦理思想、道德观念及教育原则等。《论语》的语言简洁精练、含义深刻，其中有许多言论至今仍被世人视为至理。

【注释】

[1]子：过去泛称男子，后来变为对有学问的男子的尊称。在《论语》中，"子"一般指的是孔子。

[2]学：《说文》中把"学"解释为觉悟的意思。在原文中，一方面是指学习《诗》、《书》、《礼》、《乐》、《易》之类的典籍；另一方面是指学习六艺之类的实际生活技能。

[3]时：意为"在合适的时间"或是"时常、经常"。

[4]习：繁体字写作"習"，本义是"鸟数飞也"，练习，引申为实践。

[5]说：高兴，开心，通"悦"。

[6]有朋：在有些版本中，写作"友朋"。"朋"，这里指的是朋友，与自己志同道合的人。还有人认为指的是孔子的弟子。

[7]乐：意思与"悦"相同，都是高兴的意思。但二者有区别，"悦"多指内在感情，"乐"则通常表露在外面。

[8]愠：生气，恼怒。

[9]有子：有若，孔子的弟子。

[10]弟：通“悌”，本意是指敬爱兄长，也泛指尊敬长辈、上级。“孝”和“悌”常同时出现，合称“孝悌”。它是儒家非常重视的道德伦理范畴，被看做是实行“仁道”的根本条件。

[11]务：从事，致力于。

[12]本：本义是指草木的根，或是靠近根部的茎干。这里是引申意，是指事物的主体或根基。

[13]道：本义是供人行走的道路。这里指的是儒家所提倡的以“仁”为核心的思想道德体系。

[14]与：通“欤”，在这里作语气助词，表示疑问、感叹的语气。

曾子[1]曰：“吾日三省[2]吾身：为人谋[3]而不忠[4]乎？与朋友交而不信[5]乎？传[6]不习乎？”

子曰：“弟子[7]入[8]则孝，出[9]则悌，谨[10]而信，汎[11]爱众，而亲仁[12]。行有余力[13]，则以学文[14]。”

【解题】

世道纷纭，熙熙攘攘，心为外利所动，几乎失去真我；物欲横流，乃至人心不古；求诸外欲，而忽略了内存的诚信。如何对待浊世横流？孔子主张人应在人世间寻求与他人的契合，在求诸他人之时首先求诸自身：我是否做到了？以此感化世人、引导世人。

在第二则中，孔子要求弟子们首先要致力于孝悌、谨信、爱众、亲仁，培养良好的道德观念和道德行为，如果还有闲暇时间和余力，则用以学习古代典籍，增长文化知识。这表明，孔子的教育是以道德教育为中心，重在培养学生的德行修养，而对于书本知识的学习，则摆在第二位。

【注释】

[1]曾子：名参，字子舆，鲁国人。曾子是鄫国太子的后代。曾子在十六岁时，拜孔子为师。曾子是有名的孝子。以孝为本，孝道为先的孝道观和“修齐治平、省身、慎独”都是曾子提出的观点。

[2]三省：三，这里是多次的意思。古人对于频率密集，或是数量多，而且持续时间久的数字，都会用“三”来表示。省，检查、查看，这里是检查自己的作为，查找自己的缺点并改正的意思。

[3]谋：谋的本义是考虑、谋划。这里可以当做办事讲。

[4]忠：本义是尽心竭力、忠诚无私。这里是尽心竭力的意思。

[5]信：在文中，“信”的意思是指能够按照礼制的要求，人与人之间相互守信用。“信”被儒家作为立国、治国的根本，是儒家道德修养的重要内容之一。

[6]传：这里作名词讲，指老师传授的知识。

[7]弟子：这个词在文中有两种解释：一种是学生，另一种是年纪小，身为儿子或是弟弟的人。在这里，采用第二种解释比较合适。

[8]入：古时候，父母和子女分别居住在不同的地方。“入”就是进入父母的住处。

[9]出：是相对与上面的“入”而言的，即走出自己的房间，或是出外求学。

[10]谨：在《说文解字》中，“谨”被解释为“慎”。文中带有谨慎、少说话的意思。

[11]汎：广泛。

[12]亲仁：亲，亲近；仁，指有仁德的人。

[13]行有余力：有剩余的精力、闲暇的时间。

[14]学文：这里不单单指学习文字，还包括古代文献，诗、书、礼、乐等方面的文化知识。

子禽[1]问于子贡[2]曰："夫子[3]至[4]于是[5]邦[6]也，必闻[7]其政[8]，求之与，抑[9]与之与？"子贡曰："夫子温、良、恭、俭、让[10]以得之。夫子之求之也，其诸[11]异乎人之求之与？"

有子曰："信近于义[12]，言[13]可复[14]也；恭近于礼，远耻辱也；因[15]不失其亲，亦可宗[16]也。"

【解题】

这章的意义是孔子因其温和、良善、恭敬、节制、谦让而得以用一种与别人不同的方法得到他国的国政信息。孔子以此说明温和、良善、恭敬、节制、谦让除了本身即是美德之外，还能去除暴戾、傲慢、骄奢之气，因而对外可使人际关系和谐，对内则可使心性修治、推展。

【注释】

[1]子禽：姓陈，名亢，字子禽，齐国人，孔子的弟子。

[2]子贡：姓端木，名赐，字子贡，卫国人，儒家七十二贤之一。他善于雄辩，才能出众，且善于经商。

[3]夫子：古时候人们对士大夫的尊称，这里指的是孔子。《礼》："身经为大夫者，得称为夫子。"在鲁国时，孔子曾做过司寇。所以孔

子的弟子们尊称他为夫子。后来，学识渊博的人或是传授知识的老师都称为夫子。

[4]至：到。

[5]是：做代词。这，这个。

[6]邦：这里指当时的诸侯国。

[7]闻：知道、知晓。

[8]政：政事、政治。

[9]抑：还是、或是。

[10]温：和厚、平和。良：善良。恭：庄重、恭敬。俭：节制。让：谦逊。这五个词生动形象地展现了孔子的形象，是孔子的弟子对老师的评价和描述。

[11]其诸：语气词，表推测。

[12]义：这里是合理、适宜的意思，同时也指儒家提倡的伦理道德标准。

[13]言：约定，曾经说过的话。

[14]复：履行、实践。“复言”就是履行、兑现诺言的意思。

[15]因：依靠、凭借。

[16]宗：主，引申为可靠的意思。

孟子（节选）

战国·孟子

孟子曰："天时不如地利，地利不如人和[1]。三里之城，七里之郭[2]，环而攻之而不胜。夫环而攻之，必有得天时者矣；然而不胜者，是天时不如地利也。城非不高也，池非不深也，兵革[3]非不坚利也，米粟非不多也；委[4]而去之，是地利不如人和也。故曰：域民[5]不以封疆之界，固国不以山溪之险，威天下不以兵革之利。得道者多助，失道者寡助。寡助之至，亲戚畔[6]之；多助之至，天下顺之。以天下之所顺，攻亲戚之所畔；故君子有[7]不战，战必胜矣。"

【解题】

《孟子》一书是孟子及其弟子言论的集结。孟子名轲，字子舆或子居，战国著名思想家。在人性方面，他主张性善论，认为人生来就具备仁、义、礼、智四种品德。在社会政治观点方面，孟子突出仁政、王道的理论，提出民贵君轻的主张。

【注释】

[1]天时、地利、人和：天时指适合出兵打仗的时机、气候等；地利指山川险要、城池坚固等有利条件；人和指人心的团结与和睦。

[2]城、郭：城指“内城”，郭指“外城”。内城和外城的比例一般是三比七，因此称“三里之城，七里之郭”。

[3]兵革：兵器和铠甲。

[4]委：放弃、弃城。

[5]域民：限制百姓。域，本指界限，这里引申为限制。

[6]畔：同“叛”，背叛。

[7]有：要么。

孟子曰：“舜发于畎亩[1]之中，傅说[2]举于版筑[3]之间，胶鬲[4]举于鱼盐之中，管夷吾举于士，孙叔敖[5]举于海，百里奚举于市[6]。故天将降大任于是人也，必先苦其心志，劳其筋骨，饿其体肤，空乏其身，行拂乱其所为，所以动心忍性，曾[7]益其所不能。人恒过，然后能改；困于心，衡[8]于虑，而后作；征[9]于色，发于声，而后喻。入则无法家拂士，出则无敌国外患者，国恒亡。然后知生于忧患而死于安乐也。”

【解题】

这是《孟子》一书中最能激动人心的一章，内容丰富，说理深刻，行文优美，语言凝练，堪称古代散文中的上乘之作。

【注释】

[1]畎亩：田间地头，意为农民。

[2]傅说：商王武丁时的大臣。傅说是囚犯，被指派修筑城墙，后来武丁发现他有大才，便立即破格重用了他。

[3]版筑：一种筑墙工作，指在两块墙板中填入泥土夯实。

[4]胶鬲：曾以贩卖私盐为生，周文王把他举荐给商纣，没有得到重用，后来辅佐周武王成就大业。

[5]孙叔敖：春秋时期楚国的隐士，楚王发现他有大才后，任命为令尹。

[6]百里奚举于市：春秋时期的贤人百里奚流落在楚国，秦穆公听说他的才名后，用五张羊皮把他买了回来，并重用了他。

[7]曾：同“增”，增加。

[8]衡：通“横”，堵塞。

[9]征：表征、表现。

不违农时，谷不可胜食也；数罟不入洿池[1]，鱼鳖不可胜食也；斧斤[2]以时入山林，材木不可胜用也。谷与鱼鳖不可胜食，材木不可胜用，是使民养生丧死无憾也。养生丧死无憾，王道之始也。五亩之宅，树之以桑，五十者可以衣帛矣；鸡豚狗彘之畜[3]，无失其时，七十者可以食肉矣；百亩之田，勿夺其时，数口之家可以无饥矣；谨庠序[4]之教，申[5]之以孝悌之义，颁白者[6]不负戴[7]于道路矣。七十者衣帛食肉，黎民不饥不寒，然而不王者，未之有也。狗彘食人食而不知检[8]，途有饿莩[9]而不知发[10]，人死，则曰：“非我也，岁也。”

是何异于刺人而杀之，曰：“非我也，兵也。”王无罪岁[11]，斯天下之民至焉。

【解题】

这一章历来被学者看做是孟子的王道思想的施政宣言，中心思想是如何施行仁政，如何由仁政而王道。孟子提出的民本思想在施行仁政和王道时的具体措施，与早期儒家“先富后教”的思想不谋而合。

【注释】

[1]洿池：地面低洼处形成的水池，这里指养鱼的池塘。

[2]斧斤：泛指斧头等伐木、砍柴的工具。

[3]畜：家畜。

[4]庠序：商朝把乡村的学校称之为“序”，到了周朝又称之为“庠”，都指的是乡村的学校和小私塾等。

[5]申：反复告诫。

[6]颁白者：指头发花白的老人。颁，通“斑”。

[7]负戴：肩扛头顶。

[8]检：收敛、约束。

[9]饿莩：即饿殍，指因饥饿而死的人。

[10]发：指发放粮仓里的粮食来救济灾民。

[11]罪岁：归罪于年成。

孟子谓宋勾践[1]曰：“子好游[2]乎？吾语子游。人知之，亦嚣嚣[3]；人不知，亦嚣嚣。”

曰：“何如斯可以嚣嚣矣？”

曰：“尊德乐义，则可以嚣嚣矣。故士穷不失义，达不离道。穷不失义，故士得己[4]焉；达不离道，故民不失望焉。古之人，得志，泽加于民；不得志，修身见于世。穷则独善其身，达则兼善天下。”

【解题】

孟子在同别人谈到士应加强道德情操的培养时指出：士人在穷困时能够不丢掉义这个道德规范，所以能自得其乐；在得志时不偏离道这个行为准则，所以使百姓不至感到失望。古代的君子，得了志，恩泽普遍施加到百姓；不得志，也能自修自身品德，以此表现于世人。穷困时搞好自身的品德修养，得志时便兼善天下。

【注释】

[1]宋勾践：人名，姓宋，名勾践，生平不详。

[2]游：游说。

[3]嚣嚣：安然自得的样子。

[4]得己：自得。

景春[1]曰：“公孙衍[2]、张仪[3]岂不诚大丈夫哉？一怒而诸侯惧，安居而天下熄。”

孟子曰："是焉得为大丈夫乎？子未学礼乎？丈夫之冠也，父命之；女子之嫁也，母命之，往送之门，戒之曰：'往之女家，必敬必戒，无违夫子！'以顺为正者，妾妇之道也。居天下之广居，立天下之正位，行天下之大道；得志，与民由之；不得志，独行其道。富贵不能淫，贫贱不能移，威武不能屈，此之谓大丈夫。"

【解题】

这一章是围绕着"什么人才算是大丈夫"这个概念展开的。孟子认为作为大丈夫，一是要有"行天下之大道"和"与民由之"的伟大志向；二是要有坚持这一伟大志向的"富贵不能淫，贫贱不能移，威武不能屈"的操守。

【注释】

[1]景春：春秋战国时期著名的纵横家。

[2]公孙衍：号犀首，魏国人，著名的说客，曾经担任过五个国家的相国。

[3]张仪：魏国人，纵横家的代表人物。他主张"连横"，一生致力于游说各诸侯国服从秦国。

大学（节选）

春秋·曾子

大学之道[1]，在明明德[2]，在亲民[3]，在止于至善。

知止[4]而后有定，定而后能静，静而后能安，安而后能虑，虑而后能得。

物有本末，事有终始。知所先后，则近道矣。

【解题】

大学是“四书”之一。“四书”指的是《论语》、《孟子》、《大学》和《中庸》，本篇选录的部分提出了“三纲”：明德、亲民、止于至善。这既是全文的宗旨，也是儒家教学的目标。

【注释】

[1]道：宗旨。

[2]明明德：前一个“明”作动词，使彰明、弘扬的意思。第二个“明”即光明正大的品德的意思。

[3]亲民：使人弃旧图新、从善如流。

[4]知止：知道目标的所在。

古之欲明明德于天下者，先治其国；欲治其国者，先齐其家[1]；欲齐其家者，先修其身[2]；欲修其身者，先正其心；欲正其心者，先诚其意；欲诚其意者，先致其知[3]。致知在格物[4]。物格而后知致，知致而后意诚，意诚而后心正，心正而后身修，身修而后家齐，家齐而后国治，国治而后天下平。

【解题】

本篇选录的部分，提出了儒家的“八目”：格物、致知、诚意、正心、修身、齐家、治国、平天下。“八目”为儒家为古时知识分子设立的人生追求阶梯，影响了一代又一代知识分子的人格和心理。

【注释】

[1]齐其家：管理好自己的家庭或家族。

[2]修其身：修养自己的身心品行。

[3]致其知：使自己获取知识。

[4]格物：认识、研究万事万物。

《墨子》二则

战国·墨子

若使天下兼相爱[1]，爱人若爱其身，犹有不孝者？

无言而不信，不德而不报，投我以桃，报之以李。

【解题】

《墨子》由墨子和各代门徒逐渐增补而成，其内容广博，包括了政治、军事、哲学、伦理、逻辑、科技等方面，是研究墨子及其后学的重要史料。墨子名翟，是我国战国时期著名的思想家、教育家、军事家，墨家学派的创始人。他的学说思想主要包括：兼爱，非攻，天志明鬼，尚同尚贤，节用，生活上奉行“以自苦为极”。

【注释】

[1]兼相爱：互爱互助。

《中庸》一则

战国·子思

子曰："好学近乎知[1]，力行近乎仁，知耻近乎勇。知斯三者，则知所以修身；知所以修身，则知所以治人；知所以治人，则知所以治天下国家矣。"

【解题】

《中庸》是"四书"之一，原是《礼记》中的一篇，相传为孔子后裔子思修改整理而成。《中庸》是儒家阐述"中庸之道"，并提出人性修养的教育理论著作，宋、元以后，成为学校官定的教科书和科举考试的必读书，对古代教育产生了极大的影响。

【注释】

[1]知：通"智"。

《礼记》二则

君子如欲化民成俗，其必由学乎？玉不琢，不成器。人不学，不知道。是故古之王者，建国君民[1]，教学为先。《兑命》曰[2]："念终始典于学[3]。"其此之谓乎！

虽有佳肴，弗食不知其旨也；虽有至道，弗学不知其善也。是故学然后知不足，教然后知困[4]。知不足然后能自反也，知困然后能自强也。故曰：教学相长[5]也。《兑命》曰："学学半[6]。"其此之谓乎！

【解题】

《礼记》是战国至秦汉年间儒家学者解释说明经书《仪礼》的文章选集，是我国古代一部重要的典章制度书籍，到宋代被列入"十三经"之中，为士者必读之书。

本篇作者一方面承认了人所拥有的天赋和才能（不像白纸一无所有）；另一方面则强调了开掘和发展天赋、才能，必须通过学习的过程，使他们得到充分的展现。

【注释】

[1]君：这里的意思是统治。

[2]兑命：《尚书》中的篇名，也作《说命》、《兑命》。

[3]念终：始终想着。

[4]困：疑惑、迷惑。

[5]长：促进。

[6]学学半：前一个“学”的意思是教育别人，后一个“学”的意思是向别人学习。

《荀子》三则

战国·荀子

天行有常，不为尧存，不为桀亡。

——《荀子·天论》

水能载舟，亦能覆舟。

——《荀子·哀公》

天不言而人推高焉，地不言而人推厚焉，四时不言而百姓期焉。

——《荀子·不苟》

【解题】

《荀子》是荀子作品的集结。荀子名况，时人尊而号为“卿”，故又称荀卿，战国时期著名的思想家。他早年游学于齐，学问博大，曾三次担任当时齐国“稷下学官”的“祭酒”（学官之长）。

劝学（节选）

战国·荀子

积土成山，风雨兴焉；积水成渊，蛟龙生焉；积善成德，而神明自得，圣心备焉[1]。故不积跬步[2]，无以至千里；不积小流，无以成江海。骐骥[3]一跃，不能十步；驽马十驾[4]，功在不舍。锲而舍之，朽木不折；锲而不舍，金石可镂。蚓无爪牙之利，筋骨之强，上食埃土，下饮黄泉，用心一也。蟹六跪[5]而二螯，非蛇鳝之穴无可寄托者，用心躁也。

【解题】

《劝学》是《荀子》一书的首篇，较系统地论述了学习的目的、意义、态度和方法。文章以朴素的唯物主义为理论基础，旁征博引，娓娓说理，体现了作为先秦诸子思想集大成者的荀子文章的艺术风格。

【注释】

[1]积善成德，而神明自得，圣心备焉：积累善行养成高尚的品

德，自然会心智澄明，到达很高的精神境界。得，获得。

[2]跬：古代称跨出一脚为“跬”，两脚为“步”。

[3]骐骥：骏马。

[4]驽马十驾：劣马拉车连走十天，（也能走得很远。）驽马：劣马。驾：马拉车一天所走的路程叫“一驾”。

[5]六跪：六条腿，蟹实际上是八条腿。跪：蟹脚。螯：蟹钳。

《孙子兵法》二则

春秋·孙子

孙子曰：夫用兵之法，全国为上，破国次之；全军为上，破军次之；全旅为上，破旅次之；全卒为上，破卒次之；全伍为上，破伍次之。是故百战百胜，非善之善也；不战而屈人之兵，善之善者也。

故曰：知彼知己，百战不殆；不知彼而知己，一胜一负；不知彼不知己，每战必败。

【解题】

《孙子兵法》又称《孙武兵法》，是中国古典军事文化遗产中的璀璨瑰宝，也是世界三大兵书之一。

《淮南子》二则

夫大寒[1]至，霜雪降，然后知松柏之茂也。

兰生幽谷，不为莫服而不芳；舟在江海，不为莫乘而不为[2]；君子行义，不为莫知而止休[3]。

【解题】

《淮南子》又名《淮南鸿烈》、《刘安子》，是西汉时期创作的一部论文集，由西汉皇族淮南王刘安主持撰写，因此而得名。

【注释】

[1]大寒：二十四节气中最后一个节气，那时天气是最冷的时候。

[2]莫服、莫乘：没有人佩带、乘坐。

[3]不为莫知而止休：不因没有人知道而停止，是说君子行仁义之事不求名、不避宠。

过秦论（节选）

西汉·贾谊

且夫天下非小弱也，雍州之地，崤函之固，自若也。陈涉之位，非尊于齐、楚、燕、赵、韩、魏、宋、卫、中山之君也；锄櫌棘矜[1]，非铦于钩戟长铩也；谪戍[2]之众，非抗于九国之师也；深谋远虑，行军用兵之道，非及向时[3]之士也。然而成败异变，功业相反，何也？试使山东之国与陈涉度长絜[4]大，比权量力，则不可同年而语矣。然秦以区区之地，致万乘之势，序八州而朝同列[5]，百有余年矣；然后以六合为家，崤函为宫；一夫作难[6]而七庙隳[7]，身死人手，为天下笑者，何也？仁义不施而攻守之势异也[8]。

【解题】

《过秦论》是贾谊政论散文的代表作，全文着重从各个方面分析秦王朝的过失，故名为《过秦论》。贾谊是西汉初期的政论家、文学家，世称贾太傅、贾长沙、贾生。年少即以育诗属文闻于世人。后被文帝重用，力主改革，被贬。这篇文章旨在总结秦速亡的历史经验，以作为汉王朝建立制度，巩固统治的借鉴。鲁迅先生在《汉文学史纲要》中对

《过秦论》的评价是“沾溉后人，其泽甚远”的“西汉鸿文”。

【注释】

[1]锄櫌棘矜，非铦于钩戟长铩也：农具木棍不比钩戟长矛锋利。

[2]谪戍：被征发戍守边远地区。

[3]向时：先前。

[4]度长絜大：量量长（短），比比大（小）。絜，衡量。

[5]序八州而朝同列：招致八州来归，而使六国诸侯都来朝见。

[6]一夫作难：指陈涉起义。作难，起事、发难。

[7]七庙隳：宗庙毁灭，这里代指政权灭亡。七庙，天子的宗庙。

[8]攻守之势异也：攻和守的形势变了。

项羽本纪（节选）

西汉·司马迁

太史公[1]曰：吾闻之周生[2]，曰“舜目盖重瞳子”[3]，又闻项羽亦重瞳子。羽岂其苗裔[4]邪？何兴之暴也！夫秦失其政，陈涉首难，豪杰蠭起，相与并争，不可胜数。[5]然羽非有尺寸乘埶起陇亩之中，三年，遂将五诸侯灭秦，分裂天下，而封王侯，政由羽出，号为“霸王”，位虽不终，近古以来未尝有也。[6]及羽背关怀楚，放逐义帝而自立，怨王侯叛己，难矣。[7]自矜功伐，奋其私智而不师古，谓霸王之业，欲以力征经营天下，五年卒亡其国，身死东城，尚不觉寤而不自责，过矣。[8]乃引“天亡我，非用兵之罪也”，岂不谬哉！[9]

【解题】

“本纪”是《史记》的一种体例，是按照年代先后的顺序，叙述历代帝王政绩。项羽虽没有完成帝业，但在秦亡以后汉兴以前的过渡阶段中，项羽实际上支配当时的政局，也代表当时的政权，因此司马迁将项羽的传记列入“本纪”中。

【注释】

[1]太史公：司马迁自称。

[2]周生：汉时的儒生，姓周，事迹不详。

[3]舜：虞舜，我国上古时代的帝王，“五帝”之一。盖：原来。重瞳子：一个眼珠里有两个瞳孔。

[4]苗裔：后代子孙。

[5]陈涉：名胜，与吴广一起发动农民起义，反抗秦朝的统治。首难：首先（向秦朝）发难。蜂起：像群蜂飞舞，纷然并起。胜：尽、全部。

[6]非有尺寸：没有一尺一寸的土地。

[7]“及羽”句：等到项羽放弃关中，怀念楚国而东归，放逐义帝，自立为王，做了这些失策失人心的事，却埋怨诸侯背叛自己，这样想要成就霸业，就很困难了。

[8]“自矜”句：自夸功劳，逞个人才智，却不效仿古人，自以为霸王之业已成，想凭借武力来征服和治理天下，经过五年战争，终于

使自己国家灭亡了，自身死在东城，却仍然不觉悟，再不责备自己，那就错了。寤：通“悟”。

[9]“乃引”句：项羽竟然用“天要亡我，不是用兵的过错”这种话来自我开脱，不是太荒谬吗！

报任安书（节选）

西汉 · 司马迁

古者富贵而名摩灭，不可胜记，唯倜傥非常之人称焉。[1]盖西伯拘而演《周易》；[2]仲尼厄而作《春秋》；[3]屈原放逐，乃赋《离骚》；[4]左丘失明，厥有《国语》；[5]孙子膑脚，《兵法》修列；[6]不韦迁蜀，世传《吕览》；[7]韩非囚秦，《说难》、《孤愤》；《诗》三百篇，大抵圣贤发愤之所为作也。此人皆意有所郁结，不得通其道，故述往事、思来者。乃如左丘无目，孙子断足，终不可用，退而论书策，以舒其愤，思垂空文以自见。

【解题】

《报任安书》是司马迁写给其友人任安的一封回信。在文章中，司马迁以极其激愤的心情，申述了自己的不幸遭遇，抒发了内心的无限痛苦，并表现出了他为实现可贵的理想而甘受凌辱，坚韧不屈的战斗精神。感情真挚，语言流畅，具有强烈的艺术感染力。

【注释】

[1]“古者”句：古时候虽富贵但声名无存的人，多得数不清，只有那些卓异而不平常的人才能获得赞誉。倜傥：卓越豪迈，才华不凡。

[2]“盖西”句：传说周文王被拘禁时，把《易》的八卦推演为六十四卦。

[3]“仲尼”句：孔子周游列国受到围攻、绝粮等困厄，因道不得行而作《春秋》。厄：受困，这里更多地指政治上的不得意。

[4]“屈原”句：屈原被流放后，才写出《离骚》。赋：写作。

[5]“左丘”句：左丘明失明后才著作《国语》。左丘：春秋时鲁国史官左丘明。厥：才。

[6]“孙子”句：孙子（即孙膑）被挖去膝盖骨后，编著了《孙子兵法》。修列：著述、编著。

[7]“不韦”句：吕不韦贬蜀后《吕览》才流布于世。《吕览》：即《吕氏春秋》，是吕不韦组织门客编写完成的。迁：被贬谪。

淮阴侯列传（节选）

西汉·司马迁

太史公曰：吾如淮阴，淮阴人为余言，韩信虽为布衣[1]时，其志与众异。其母死，贫无以葬，然乃行营[2]高敞地，令其旁可置万家。余视其母冢，良然[3]。假令韩信学道谦让，不伐己功，不矜其能，[4]则庶几哉，于汉家勋可以比周、召、太公之徒，后世血食[5]矣。不务出此，而天下已集[6]，乃谋畔[7]逆，夷灭宗族，不亦宜乎！

君臣一体，自古所难。相国深荐，策拜登坛。沈沙决水，拔帜传餐。与汉汉重，归楚楚安。三分不议，伪游可叹。

【解题】

本篇出自司马迁所著的《史记》第九十二卷。本传记载了西汉开国功臣韩信一生的事迹，突出了他的军事才能和累累战功。韩信一生功高于世，却落个夷灭宗族的下场。司马迁在文中注入了无限的同情和感慨。

【注释】

[1]布衣：平民。

[2]行营：四处寻找、谋求。

[3]良然：的确如此。

[4]伐与矜，都有夸耀自满的意思。

[5]血食：受享祭。古代祭祀，宰杀牲畜做祭品，所以叫血食。

[6]集：通“辑”，安定。

[7]畔：通“叛”，背叛。

《后汉书》四则

南朝·范晔

失之东隅，收之桑榆。

——《后汉书·冯异传》

精诚所至，金石[1]为开。

——《后汉书·广陵思王荆传》

盛名之下，其为难副。

——《后汉书·黄琼传》

不入虎穴，焉得虎子。

——《后汉书·班超传》

【解题】

《后汉书》由我国南朝刘宋时期的历史学家范晔编撰，是一部记载东汉历史的纪传体史书，“二十四史”之一。《后汉书》是继《史记》、《汉书》之后又一部私人撰写的重要史籍。与《史记》、《汉书》、《三国志》并称为“前四史”。《后汉书》大部分沿袭《史记》、《汉书》的现成体例，但在成书过程中，范晔根据东汉一代历史的具体特点，又有所创新，是研究东汉历史的重要史料。

【注释】

[1]金石：坚如金石的东西。

前出师表（节选）

三国·诸葛亮

亲贤臣，远小人，此先汉[1]所以兴隆也；亲小人，远贤臣，此后汉所以倾颓也。先帝在时，每与臣论此事，未尝不叹息痛恨于桓、灵也[2]。侍中、尚书、长史、参军[3]，此悉贞良死节[4]之臣，愿陛下亲之信之，则汉室之隆，可计日而待也[5]。

臣本布衣，躬耕于南阳，苟全性命于乱世，不求闻达于诸侯。先帝不以臣卑鄙[6]，猥自枉屈[7]，三顾臣于草庐之中，咨臣以当世之事。由是感激，遂许先帝以驱驰[8]。后值倾覆[9]，受任于败军之际，奉命于危难之间，尔来二十有一年矣！

先帝知臣谨慎，故临崩寄臣以大事也[10]。受命以来，夙夜忧叹，恐托付不效[11]，以伤先帝之明[12]；故五月渡泸，深入不毛[13]。今南方已定，兵甲已足，当奖率三军，北定中原；庶竭驽钝[14]，攘除奸凶[15]，兴复汉室，还于旧都[16]。此臣所以报先帝而忠陛下之职分也。至于斟酌损益，进尽忠言[17]，则攸之、祎、允之任也。

愿陛下托臣以讨贼兴复之效，不效，则治臣之罪，以告先帝之灵。若无兴德之言，则责攸之、祎、允等之慢，以彰其咎[18]。陛下亦宜自谋，以咨诹[19]善道，察纳雅言，深追先帝遗诏，臣不胜受恩感激。

今当远离，临表涕零，不知所言。

【解题】

“表”是古代文体的一种，专为臣下对君王进行陈述求请时使用，类似的还有“章”、“奏”、“议”等。《前出师表》，是三国时代蜀汉丞相诸葛亮写给后主刘禅的一篇表。当时为建兴五年，蜀汉已从刘备殂亡的震荡中恢复过来，外结孙吴，内定南中，励清吏政，兵精粮足；诸葛亮认为已有能力北伐中原，实现刘备匡复汉室的遗愿。

【注释】

[1]先汉：西汉。后文的“后汉”相应指代“东汉”。

[2]痛恨：遗憾。桓：东汉桓帝刘志。灵：东汉灵帝刘宏。

[3]侍中、尚书、长史、参军：官职名。侍中指郭攸之和费祎；尚书指陈震；长史指张裔；参军指蒋琬，诸葛亮死后继为尚书令，统领

国事。

[4]贞良：坚贞诚实。良：忠诚坦白。死节：以死报国的气节。

[5]计日而待：指很快就会到来。

[6]卑鄙：地位卑微，见识少。

[7]猥：谦词，谦卑地。枉屈：屈尊、委屈。

[8]许：答应。驱驰：为人效劳。

[9]值：遇上。倾覆：指建安十三年（208年），刘备被曹操打败，后派诸葛亮到孙权处求助，与孙吴联盟，在赤壁共同抵抗曹操大军。

[10]寄：托付。这句指刘备东伐孙吴，在秭归被吴将陆逊击败，退居白帝。

[11]不效：没有结果。

[12]伤：有损。明：英明。

[13]五月渡泸：建兴三年（225年）南中诸郡反叛，诸葛亮率军出征，渡过泸水，平定南中四郡。泸，泸水，即金沙江。

[14]驽钝：这里以劣马（驽）和不锋利的刀（钝）来比喻才能的平庸。

[15]攘除：铲除，排除。奸凶：指曹魏。

[16]旧都：这里指洛阳。

[17]斟酌损益：斟情酌理，有所兴革。

[18]慢：怠慢失职。彰：暴露。

[19]咨诹：咨询。

诫子书

三国·诸葛亮

夫君子之行[1]，静以修身，俭以养德。非澹泊[2]无以明志[3]，非宁静[4]无以致远[5]。夫学须静也，才须学也。非学无以广才[6]，非志无以成学。韬慢[7]则不能励精，险躁[8]则不能冶性。年与时驰，意与日去，遂成枯落，多不接世[9]，悲守穷庐，将复何及！

【解题】

《诫子书》是三国时期著名政治家诸葛亮五十四岁临终前写给八岁儿子诸葛瞻的一封家书，成为后世历代学子修身立志的名篇，也可以看做是诸葛亮对自己一生的总结。

【注释】

[1]行：操守、品德。

[2]澹泊：也作“淡泊”，清静而不贪图名利。

[3]明志：表达自己崇高的志向。

[4]宁静：这里指安静，集中精神，不分散精力。

[5]致远：实现远大目标。

[6]广才：增长才干。

[7]韬慢：过度地享乐。

[8]险躁：冒险急躁，与上文“宁静”相对而言

[9]接世：接触社会，承担事物，有“用世”的意思。

《三国志》三则

西晋·陈寿

勿以恶小而为之，勿以善小而不为。

士别三日，即更刮目相看。

记人之善，忘人之过。

【解题】

《三国志》是晋代陈寿编写的一部国别史著作，主要记载了魏、蜀、吴三国鼎立时期的历史。

文赋（节选）

西晋·陆机

余每观才士之所作，窃[1]有以得其用心。夫放言遣辞[2]，良多变矣，妍蚩[3]好恶，可得而言。每自属文[4]，尤见其情，恒患意不称物，文不逮意[5]，盖非知之难，能之难也。故作文赋，以述先士之盛藻[6]，因论[7]作文之利害所由，佗日[8]殆可谓曲尽其妙。至于操斧伐柯[9]，虽取则[10]不远，若夫随手之变[11]，良难以辞逮[12]，盖所能言者，具于此云。

【解题】

这段文字选自西晋文学家陆机所著的《文赋》，主要论述了写作的动机和目的。陆机，字士衡，是西晋太康元康间最负盛名的诗人。

【注释】

[1]窃：谦称自己。

[2]放言：敞开说。遣辞：用词造句。这句的意思是无拘无束地说话或写文章。

[3]妍蚩：美丑。

[4]属文：做文章。

[5]恒：常。逮：达。

[6]盛藻：褒义，华美的辞藻。

[7]因论：凭借此而议论。

[8]佗日：他日。殆：近于。

[9]伐柯：制作斧柄。

[10]则：标准。

[11]随手之变：随机的巧妙变化。

[12]辞逮：谓言辞达意。

陈情表（节选）

西晋·李密

伏惟[1]圣朝以孝治天下，凡在故老，犹蒙矜育，况臣孤苦，特为尤甚。且臣少仕伪朝[2]，历职郎署，本图宦达，不矜名节[3]。今臣亡国贱俘，至微至陋。过蒙拔擢，宠命优渥，岂敢盘桓，有所希冀[4]。但以刘日薄西山，气息奄奄，人命危浅，朝不虑夕。臣无祖母，无以至今日；祖母无臣，无以终余年。母、孙二人，更相为命，是以区区不能废远[5]。臣密今年四十有四，祖母刘今年九十有六，是臣尽节于陛下之日长，报刘之日短也。乌鸟私情，愿乞终养[6]。臣之辛苦，非独蜀之人士及二州牧伯[7]所见明知，皇天后土实所共鉴。愿陛下矜悯愚诚，听臣微志。庶刘侥幸，保卒余年[8]。臣生当陨首，死当结草。臣不胜犬马怖惧之情，谨拜表以闻。

【解题】

《陈情表》为西晋李密写给晋武帝的奏章。文章叙述祖母抚育自己的大恩，以及自己应该报养祖母的大义；除了感谢朝廷的知遇之恩以外，又倾诉自己不能从命的苦衷，真情流露，委婉畅达。该文被认定为中国文学史上抒情文的代表作之一，有“读李密《陈情表》不流泪者不孝”的说法。

【注释】

[1]伏惟：表示恭维地伏在地上去思忖、心想、认识，是古时下对上陈述己见时的谦敬之辞。

[2]伪朝：蔑称，指不被当朝承认的前朝政府。

[3]郎署：尚书郎的官衔。宦达：官场上发展。不矜：不看重。

[4]拔擢：提拔。盘桓：犹豫不决。宠命：宠爱的命旨。优渥：恩惠优厚。希冀：期望。

[5]更相：相继，相互。区区：古文句中作“我”的谦辞。废远：放弃而远离。

[6]乌鸟：即乌鸦，人类很看重乌鸦反哺生母之情，故有“乌鸦反哺”一词。

[7]二州：指梁州(在今陕西省汉中地区)、益州(在今四川省)。牧伯：地方官。

[8]矜悯：怜悯。听：这里意思为听允。庶刘侥幸：此语衍化于“庶几侥幸”，庶几：或许可以，表示希望或推测。保卒：确保过完。

桃花源记（节选）

东晋·陶渊明

晋太元中，武陵人捕鱼为业[1]。缘[2]溪行，忘路之远近。忽逢桃花林，夹岸数百步，中无杂树，芳草鲜美，落英[3]缤纷。渔人甚异[4]之。复前行，欲穷其林。

林尽水源[5]，便得一山。山有小口，仿佛若有光。便舍船，从口入。初极狭，才通人。复行数十步，豁然开朗[6]。土地平旷，屋舍俨然[7]，有良田美池桑竹之属[8]。阡陌交通[9]，鸡犬相闻。其中往来种作，男女衣着，悉如外人。黄发垂髫[10]，并怡然自乐。

见渔人，乃大惊，问所从来。具答之。便要还家，设酒杀鸡作食。村中闻有此人，咸来问讯。自云先世避秦时乱，率妻子邑人[11]来此绝境[12]，不复出焉，遂与外人间隔。问今是何世，乃不知有汉，无论[13]魏晋。此人一一为具言所闻，皆叹惋[14]。余人各复延至其家，皆出酒食。停数日，辞去。此中人语云：“不足为外人道也。”

【解题】

记是古代的一种文体，可以是游记和碑记(或铭记)。《桃花源记》是陶渊明的代表作之一。文章以武陵渔人进出桃花源的行踪为线索，按时间的先后顺序，把发现桃源、小住桃源、离开桃源、再寻桃源的曲折离奇的情节贯串起来，描绘了一个没有阶级、没有剥削、自食其力、自给自足、和平恬静、人人自得其乐的理想社会。

【注释】

[1]太元：东晋孝武帝年号。武陵：古代郡名，今湖南常德一带。

[2]缘：沿着、顺着。

[3]落英：落花。

[4]异：诧异。

[5]林尽水源：桃林的尽头就是溪流的源头。

[6]豁然开朗：一下子出现了开阔明亮的境界。豁然，开阔敞亮。

[7]俨然：整齐的样子。

[8]属：类。

[9]阡陌交通：田间小路交错相通。阡陌，田间小路，南北走向的叫阡，东西走向的叫陌。

[10]黄发垂髫：指老人和小孩。黄发，旧指长寿的特征，这指老人。垂髫，垂下来的头发，这里指小孩子。

[11]邑人：同乡的人。

[12]绝境：与外界隔绝的地方。

[13]无论：更不用说。

[14]叹惋：感叹、惋惜。

归去来兮辞（节选）

东晋·陶渊明

归去来兮，请息交[1]以绝游。世与我而相违，复驾言兮焉求？悦亲戚之情话[2]，乐琴书以消忧。农人告余以春及，将有事[3]于西畴[4]。或命巾车[5]，或棹孤舟。既窈窕[6]以寻壑，亦崎岖而经丘。木欣欣以向荣，泉涓涓而始流。善万物之得时，感吾生之行休[7]。

已矣乎！寓形宇内[8]复几时？曷不委心任去留？[9]胡为乎遑遑[10]欲何之？富贵非吾愿，帝乡[11]不可期。怀良辰以孤往，或植杖而耘耔。[12]登东皋以舒啸，[13]临清流而赋诗。聊乘化以归尽，乐夫天命复奚疑？[14]

【解题】

辞，是介于散文与诗歌之间的一种文体。因为起源于战国时期的楚国，又称楚辞、楚辞体。这种文体，富有抒情的浪漫气息，押韵和句式都较诗自由，句中多以“兮”字来帮助和谐语气。

【注释】

[1]息交：停止与外界交往。

[2]情话：心里的话。

[3]有事：指耕种之事。

[4]畴：田地。

[5]巾车：有篷盖的车子。

[6]窈窕：这里指水路深远曲折。

[7]行休：将要结束，指死亡。

[8]寓形宇内：寄身于天地之间。

[9]曷不：为什么不。委心：随自己的心意。去留：指生死。

[10]遑遑：心神不宁的样子。

[11]帝乡：天帝之乡，指仙境。

[12]植杖：把手杖插在地上。耘：田地里除草。耔：在苗根培土。

[13]皋：水边高地。舒啸：放声长啸。

[14]聊：姑且。乘化：顺应大自然的变化。归尽：生命终结。奚疑：什么疑虑。

五柳先生传

东晋·陶渊明

先生不知何许[1]人也，亦不详其姓字，宅边有五柳树，因以为号焉[2]。闲静少言，不慕荣利。好读书，不求甚解[3]；每有会意[4]，便欣然忘食。性嗜酒，家贫不能常得。亲旧知其如此，或置酒而招之；造[5]饮辄尽[6]，期在必醉[7]。既醉而退，曾不吝情去留[8]。环堵萧然[9]，不蔽风日；短褐穿结[10]，箪瓢屡空[11]，晏如[12]也。常著文章自娱，颇示己志。忘怀得失，以此自终[13]。

赞[14]曰：黔娄[15]之妻有言："不戚戚于贫贱，不汲汲于富贵。"[16]其言兹若人之俦[17]乎？衔觞赋诗，以乐其志。无怀氏之民欤？葛天氏之民欤？

【解题】

文章从思想、性格、爱好等方面塑造了一位独立于世俗之外的隐士形象。

【注释】

[1]何许：何处、哪里。

[2]因以为号焉：就以此为号。

[3]不求甚解：这里指读书只求领会要旨，不在一字一句的解释上过分追究。

[4]会意：心意相通，领会其意。

[5]造：到。

[6]辄尽：就喝个尽兴。辄，每每、总是。

[7]期在必醉：目的就是要喝醉。期：想要达到。

[8]曾不吝情去留：意思是五柳先生的态度率真，来了就喝酒，喝完就走。曾不，一点也不。

[9]环堵萧然：简陋的居室里空空荡荡。环堵，周围都是土墙，形容居室简陋。

[10]短褐穿结：粗布短衣上打了补丁。短褐，用粗麻布做成的短上衣。穿结，指衣服上的洞和补丁。

[11]箪瓢屡空：常常缺少吃喝，非常贫困。箪，古代盛饭用的圆形竹器。瓢，饮水用具。屡空，经常是空的。

[12]晏如：安然自若的样子。

[13]自终：过完自己的一生。

[14]赞：传记后面的评论性文字。

[15]黔娄：战国时齐国的隐士，一生清贫自守，去世时，家中一贫如洗。

[16]不戚戚于贫贱，不汲汲于富贵：不为贫贱而忧愁，不热衷于发财做官。戚戚，忧虑的样子。汲汲，心情急切的样子。

[17]俦：辈，同类。

兰亭集序（节选）

东晋·王羲之

夫人之相与，俯仰一世[1]。或取诸[2]怀抱，悟言[3]一室之内；或因寄所托，放浪形骸之外[4]。虽趣舍万殊[5]，静躁[6]不同，当其欣于所遇，暂得于己，快然自足，不知老之将至；及其所之既倦，情随事迁[7]，感慨系之矣。向[8]之所欣，俯仰之间，已为陈迹，犹不能不以之兴怀[9]，况修短随化[10]，终期于尽！古人云："死生亦大矣"[11]，岂不痛哉！

每览昔人兴感之由，若合一契[12]，未尝不临文嗟悼，不能喻之于怀。固知一死生为虚诞，齐彭殇为妄作[13]。后之视今，亦犹今之视昔，悲夫！故列叙时人，录其所述，虽世殊事异[14]，所以兴怀，其致一也。后之览者，亦将有感于斯文。

【解题】

王羲之（303—361）字逸少，号澹斋，东晋伟大的书法家，被后人尊为"书圣"。他的儿子王献之书法也很好，人们称他们俩为"二王"。因王羲之曾任右军将军，世称"王右军"、"王会稽"。代表作品有：《乐毅论》、《黄庭经》、《十七帖》、《快雪时晴帖》等。

永和九年三月三日，王羲之与谢安、孙绰等四十一人，在山阴（今浙江绍兴）兰亭“修禊”，会上各人作诗，王羲之为他们的诗写的序文手稿。《兰亭序》中记叙兰亭周围山水之美和聚会的欢乐之情，抒发作者内心的感慨。王羲之书写的《兰亭集序》为历代书法家所敬仰，有“天下第一行书”的美誉。

【注释】

[1]夫人之相与，俯仰一世：人与人相交往，很快便度过一生。相与：相处、相交往。俯仰：一俯一仰之间，表示时间的短暂。

[2]取诸：从……中取得。

[3]悟言：坦诚交谈。

[4]因寄所托，放浪形骸之外：就着自己所爱好的事物，寄托自己的情怀，不受约束、放纵无羁地生活。因：依、随着。放浪：放纵、无拘束。

[5]趣舍万殊：各有各的爱好。趣，趋向、取向。舍，舍弃。万殊，千差万别。

[6]静躁：安静与躁动。

[7]情随事迁：感情随着事物的变化而变化。

[8]向：过去、原先。

[9]以之兴怀：因它而引起心中的感触。兴，发生、引起。

[10]修短随化：寿命长短听凭造化。化，自然。

[11]死生亦大矣：死生毕竟是件大事啊！

[12]契：符契，古代的一种信物。在符契上刻字，剖而为二，各执一半，作为凭证。临文嗟悼：读古人文章时叹息哀伤。临，面对。

[13]固知一死生为虚诞，齐彭殇为妄作：本来知道把死和生等同

起来的说法是不真实的，把长寿和短命等同起来的说法是妄造的。殇，未成年死去的人。妄作，胡说。

[14]虽世殊事异：纵使时代变了，事情不同了。虽，纵使。

《文心雕龙》三则

登山则情满于山，观海则意溢于海。《文心雕龙·神思》

操[1]千曲而后晓声，观千剑而后识器。《文心雕龙·知音》

无私于轻重，不偏于憎爱，然后能平[2]理若衡，照辞如镜矣。《文心雕龙·知音》

【解题】

《文心雕龙》是南朝刘勰所著的一部古代文学理论著作。它是中国文学理论批评史上第一部有严密体系的文学理论专著。

魏晋时期，中国的文学理论有了很大的发展；到南北朝，逐渐形成繁荣的局面。文学创作和文学理论批评在其历史发展中所积累起来的丰富经验，既为《文心雕龙》的出现准备了条件，也在《文心雕龙》中得到了反映。

【注释】

[1]操：弹奏。

[2]平：公正。

《颜氏家训》二则

北朝·颜之推

积财千万，不如薄技在身。

人生幼小，精神专利[1]，长成已后，思虑散逸，固须早教，勿失机也。

【解题】

《颜氏家训》是我国南北朝时北齐文学家颜之推记述个人经历、思想、学识以告诫子孙的著作。《颜氏家训》是我国历史上第一部内容丰富、体系宏大的家训，也是一部学术著作。这本书阐述了立身、治家的方法，其内容涉及许多领域，强调教育体系应以儒学为核心，尤其注重对孩子的早期教育，并对儒学、文学、佛学、历史、文字、民俗、社会、伦理等方面提出了自己独到的见解。文章内容切实、语言流畅，具有一种独特的朴实风格，对后世的影响颇为深远。

【注释】

[1]专利：专注、集中。

滕王阁序（节选）

唐·王勃

嗟乎！时运不济，命途多舛[1]；冯唐易老，李广难封。[2]屈贾谊于长沙，非无圣主；窜梁鸿于海曲，岂乏明时？[3]所赖君子安贫，达人知命[4]。老当益壮，宁移白首之心？穷且益坚，不坠青云之志[5]。酌贪泉而觉爽，处涸辙以犹欢。[6]北海虽赊，扶摇可接；东隅已逝，桑榆非晚。[7]孟尝高洁，空余报国之情；阮籍猖狂，岂效穷途之哭！[8]

【解题】

王勃，字子安，唐代诗人，与杨炯、卢照邻、骆宾王齐名，齐称“初唐四杰”。其诗力求摆脱齐梁的绮靡诗风，文章也很负盛名，这篇《滕王阁序》就是千古流传的名篇。

【注释】

[1]舛：不顺利。

[2]冯唐易老：冯唐在汉文帝、汉景帝时不被重用，汉武帝时被举荐，已是九十多岁，不能再出来任职。李广难封：李广，汉武帝时名

将，多次与匈奴作战，军功卓著，却始终未能封侯。

[3]“屈贾谊”句：贾谊在汉文帝时被贬为长沙王太傅。窜：逐。梁鸿：东汉人，作《五噫歌》讽刺朝廷，因此得罪汉章帝，避居齐鲁、吴中。明时：指汉章帝时代，泛指政治清明的时代。

[4]达人：通晓事理的人。

[5]青云之志：高远的志向。出自《续逸民传》：“嵇康早有青云之志。”

[6]“酌贪泉”句：据说广州城外有贪泉，饮此水会贪得无厌，吴隐之喝下此水操守反而更加坚定。《晋书》记载，廉官吴隐之赴广州刺史任，饮贪泉之水，但是他为官一直清廉耿直。这里指操守好的人即使在污浊的环境中也能保持纯洁。处涸辙：干涸的车辙，比喻困厄的处境。

[7]“北海虽赊”句：赊：远。扶摇：从下而上的旋风。东隅：日出处，表示早晨，引申为“早年”。桑榆：日落处，表示傍晚，引申为“晚年”。这两句的意思是，早年的时光消逝，如果珍惜时光，发愤图强，晚年并不晚。

[8]“孟尝高洁”句：孟尝：字伯周，曾任合浦太守，以廉洁奉公著称，后因病隐居。后来虽有人屡次荐举，但是没有被任用。阮籍：字嗣宗，晋代名士，不满世事，佯装狂放，常驾车出游，路不通时痛哭而返。猖狂：狂放不羁。

谏太宗十思疏（节选）

唐·魏徵

臣闻求木之长者，必固其根本；欲流之远者，必浚[1]其泉源；思国之安者，必积其德义。源不深而望流之远，根不固而求木之长，德不厚而思国之安，臣虽下愚，知其不可，而况于明哲乎？人君当[2]神器之重，居域中[3]之大，不念居安思危，戒奢以俭[4]，斯亦伐根以求木茂，塞源而欲流长也。

【解题】

唐太宗即位初期，虚心接受隋朝灭亡的教训，励精图治。随着功业日隆，生活渐加奢靡，不听逆耳之言。魏徵以此为忧，多次上疏切谏，本文围绕“思国之安者，必积其德义”的主旨，规劝唐太宗在政治上要虚心纳下，赏罚公正；用人时要知人善任，简能择善；生活上要崇尚节俭，不轻用民力。

【注释】

[1]浚：疏通、深挖。

[2]当：主持、掌握。

[3]域中：天地间。

[4]戒奢以俭：用节俭来消除奢侈。以，用来。

杂说（节选）

唐·韩愈

世有伯乐[1]，然后有千里马。千里马常有，而伯乐不常有。故虽有名马，祇辱于奴隶人之手[2]，骈死于槽枥之间[3]，不以千里称也。[4]马之千里者，[5]一食或尽粟一石[6]。食[7]马者不知其能千里而食也。是马也，虽有千里之能，食不饱，力不足，才美不外见[8]，且欲与常马等不可得[9]，安[10]求其能千里也？策之不以其道[11]，食之不能尽其材[12]，鸣之而不能通其意，执策[13]而临之，曰："天下无马！"呜呼！其真无马邪？其真不知马也！

【解题】

"说"是古代一种议论文体，用以陈述作者对某些问题的看法。虽是议论文体，却讲究文采。本篇文章的作者是"唐宋八大家之一"的韩愈。当时作者初入仕途，很不得志，在文章中自喻"千里马"，感叹"伯乐不常有"。文章通篇用托物寓意的手法，以千里马不遇伯乐，比喻贤才难遇明主。作者希望统治者能识别人才、重用人才，使他们能充分发挥才能。全文寄托作者的愤懑不平和穷困潦倒之感，并对统治者埋没、摧残人才，进行了讽刺和控诉。行文中洋溢着强烈的不平和悲愤。

【注释】

[1]伯乐：春秋时秦穆公时人，姓孙，名阳，擅长相马。

[2]祇：同“只”，只是。辱：受屈辱、埋没。

[3]骈：成双成对。槽枥：原指养兽的食器，这里指养马的处所。

[4]不以千里称也：不把它称为千里马。称，称颂，称道。

[5]马之千里者：马(当中)能行千里的。

[6]一食：吃一次。或：有时。尽粟一石：吃尽一石食料。石：古代的计量单位，十斗为石。

[7]食：同“饲”，喂养。

[8]才美不外见：才能和长处不能表现在外。

[9]且：将。欲：想要，要。等：相当。不可得：不可能。

[10]安：怎么、哪里。

[11]策：驾驭。以其道：用(对待)它的办法。

[12]尽其材：全发挥它的才能。材，同“才”，此指日行千里的才能。

[13]鸣：马叫。通其意：跟它的心意相通。执策：拿着马鞭。

师说（节选）

唐·韩愈

嗟乎！师道[1]之不传也久矣！欲人之无惑也难矣！古之圣人，其出人[2]也远矣，犹且从师而问焉；今之众人，其下圣人也亦远矣，而耻学于师[3]。是故圣益圣，愚益愚[4]。圣人之所以为圣，愚人之所以为愚，其皆出于此乎？爱其子，择师而教之；于其身也，则耻师焉，惑矣[5]。彼童子之师[6]，授之书而习其句读者，非吾所谓传其道解其惑者也。句读[7]之不知，惑之不解，或师焉，或不焉[8]，小学而大遗[9]，吾未见其明也。巫医乐师百工[10]之人，不耻相师。士大夫之族，曰师曰弟子云者，则群聚而笑之。问之，则曰："彼与彼年相若[11]也，道相似也。"位卑则足羞[12]，官盛则近谀。呜呼！师道之不复可知矣。巫医乐师百工之人，君子不齿[13]，今其智乃反不能及，其可怪也欤！

【解题】

《师说》是韩愈散文中一篇重要的论说文。文章论述了从师表学习的必要性和原则，批判了当时社会上"耻学于师"的陋习，表现出非凡的勇气和斗争精神，也表现出作者不顾世俗独抒己见的精神。

【注释】

[1]师道：从师学习的风尚。

[2]出人：超出（一般）人。

[3]耻学于师：以向老师学习为耻。

[4]是故圣益圣，愚益愚：因此圣人更加圣明，愚人更加愚昧。

[5]惑矣：（真）糊涂啊！

[6]彼童子之师：那些教小孩子的（启蒙）老师。

[7]句读：也叫句逗，古代文章中没有标点符号，诵读时称文句中停顿的地方，语气已经完的叫“句”，没有完的叫“读”。

[8]或师焉，或不焉：有的请教老师，有的却不向老师请教。“不”同“否”。

[9]小学而大遗：小的方面倒要学习，大的方面却放弃了。遗，放弃。

[10]巫医：古代用祝祷、占卜等迷信方法或兼用药物医治疾病为业的人，连称为巫医。百工：泛指手工业者。

[11]相若：相像，差不多的意思。

[12]位卑则足羞：（以）地位低（的人为师），就感到耻辱。

[13]不齿：不屑，表示鄙视。

小石潭记

唐·柳宗元

从小丘西行百二十步，隔篁竹[1]，闻水声，如鸣佩环[2]，心乐之。伐竹取[3]道，下见小潭，水尤清洌。全石以为底，近岸，卷石底以出，为坻，为屿，为嵁，为岩[4]。青树翠蔓，蒙络摇缀[5]，参差披拂。

潭中鱼可[6]百许头，皆若空游无所依。日光下澈，影布石上[7]，佁然[8]不动，俶尔[9]远逝，往来翕忽[10]，似与游者相乐。

潭西南而望，斗折[11]蛇行，明灭可见。其岸势犬牙差互[12]，不可知其源。

坐潭上，四面竹树环合，寂寥无人，凄神寒骨，悄怆[13]幽邃。以其境过清，不可久居，乃记之而去。

同游者：吴武陵，龚古，余弟宗玄。隶而从者[14]，崔氏二小生：曰恕己，曰奉壹。

【解题】

《小石潭记》是柳宗元《永州八记》之一。

【注释】

[1]篁竹：成林的竹子。篁，竹林，泛指竹子。

[2]如鸣佩环：好像人身上佩戴的佩环相互碰撞发出的声音。

[3]取：这里指开辟。

[4]为坻，为屿，为嵁，为岩：成为坻、屿、嵁、岩等各种不同的形状。坻，水中高地。屿，小岛。嵁，不平的山岩。岩，磐石。

[5]蒙络摇缀：（藤蔓）覆盖缠绕、摇曳下垂。

[6]可：大约。

[7]下：向下照射。布：映现。彻：直照。

[8]佁然：呆呆的样子。

[9]俶尔：忽然。

[10]翕忽：轻快敏捷的样子。翕，迅疾。

[11]斗折：（溪水）像北斗七星那样曲折。

[12]犬牙：像狗的牙齿那样。差互：交错。

[13]悄怆：寂静得让人忧伤。

[14]隶：附属。从：跟随。

陋室铭

唐·刘禹锡

山不在[1]高，有仙则名[2]，水不在深，有龙则灵[3]。斯是陋室，惟吾德馨[4]。苔痕上阶绿，草色入帘青。谈笑有鸿儒[5]，往来无白丁[6]。可以调素琴，阅金经[7]。无丝竹[8]之乱耳，无案牍[9]之劳形[10]。南阳诸葛庐[11]，西蜀子云亭[12]。孔子云："何陋之有[13]？"

【解题】

"铭"本是古代刻于金属器具和碑文上用以叙述生平事迹的一些赞颂或警戒性的文字，后来逐渐发展演变为一种独立的文体，具有篇幅短小、文字简约、寓意深刻等特点。本文对居住在陋室的人的高尚品德进行歌颂，托物言志，以此阐明作者不同流合污、高洁傲岸的情操和安贫乐道的生活态度。

【注释】

[1]在：在于。

[2]名：出名、闻名。

[3]灵：灵异、神奇，也有灵气的意思。

[4]惟吾德馨：只要这间陋室的主人（这里指作者本人）的品德高尚（就不感到简陋了）。馨，香气，古代常用来形容人的品德高尚。

[5]鸿儒：博学而又品德高尚的人。

[6]白丁：平民，没什么学问的人。

[7]金经：古代用泥金书写而成的佛经。

[8]丝竹：琴、瑟、箫、笛等乐器的总称，"丝"指弦乐器，"竹"指管乐器。这里代指奏乐的声音。

[9]案牍：官府的公文。

[10]劳形：使身体劳累。形：形体、身体。

[11]南阳诸葛庐：诸葛亮在出山之前在南阳卧龙岗隐居的草庐。

[12]西蜀子云亭：西汉著名文学家扬雄的亭子。这两句是说，诸葛庐和子云亭都很简陋，因为居住的人很有名，所以受到人们的景仰。

[13]何陋之有：有什么简陋的呢？

阿房宫赋（节选）

唐·杜牧

嗟乎！一人之心，千万人之心也。[1]秦爱纷奢，人亦念其家。奈何取之尽锱铢，用之如泥沙？[2]使负栋之柱，多于南亩之农夫；架梁之椽，多于机上之工女；钉头磷磷，多于在庾之粟粒；瓦缝参差，多于周身之帛缕；直栏横槛，多于九土之城郭；管弦呕哑，多于市人之言语。[3]使天下之人，不敢言而敢怒。独夫之心，日益骄固。[4]戍卒叫，函谷举，楚人一炬，可怜焦土！[5]

呜呼！灭六国者，六国也，非秦也；族秦者，秦也，非天下也。嗟乎！使六国各爱其人，则足以拒秦；使秦复爱六国之人，则递三世可至万世而为君，谁得而族灭也？秦人不暇自哀，而后人哀之；后人哀之而不鉴之，亦使后人而复哀后人也。

【解题】

《阿房宫赋》是唐代著名诗人杜牧创作的一篇以史为鉴的散文，遣词用字无比华美，思想深刻见骨，是脍炙人口的经典名篇之一。作何通过描写阿房宫的兴建及其毁灭，生动形象地总结了秦朝统治者因为骄奢而亡国的历史教训，向唐朝统治者发出了警告，表现出作者忧国忧民、匡世济俗的情怀。

【注释】

[1]“嗟乎”句：可叹啊！一个人的心，也就是千万个人的心。

[2]“秦爱”句：秦始皇喜爱奢侈，老百姓也要顾念自己的家业。为什么搜刮人民的财物连一分一厘都不放过，挥霍时却像泥沙一样不知珍惜呢？锱铢：古代重量名，一锱等于六铢，一铢约等于后来的一两的二十四分之一。锱、铢连用，表明极其细微。

[3]“使负”句：阿房宫中的柱子，比田里的农夫还要多；架在梁上的椽子，比织布机上的女工还多；显眼的钉子，比谷仓里的稻米还

多；横直密布的屋瓦，比平民身上的衣服还要多；栏杆纵横，比天下的城郭还多；嘈杂的器乐声，比闹市的人说话声还多。磷磷，水中石头突立的样子，这里形容突出的钉头。

[4]“使天下”句：秦统治者穷奢极侈，使天下的老百姓敢怒不敢言。秦始皇却变得越来越骄横、顽固。

[5]“戍卒”句：于是，陈胜、吴广揭竿而起，四方响应，刘邦攻破函谷关，楚军点起的一把火，把富丽堂皇的阿房宫变成了一片焦土。戍卒叫：指陈胜、吴广起义。

《贞观政要》一则

朕能擢[1]而用之，何惭古烈[2]？然徵[3]犯颜切谏，每不许我为非，我所以重之也。

夫以铜为镜，可以正衣冠；以古为镜，可以知兴替；以人为镜，可以明得失。

【解题】

《贞观政要》是一部政论性的史书。这部书以记言为主，所记基本上是贞观年间唐太宗李世民与臣下魏徵、王珪、房玄龄、杜如晦等人关于施政问题的对话以及一些大臣的谏议和劝谏奏疏。此外也记载了一些政治、经济上的重大措施，是研究初唐的重要史料。《贞观政要》大约成书于唐玄宗在位期间，作者是唐代史学家吴兢。

【注释】

[1]擢：提拔。

[2]古烈：这里指的是古代的圣君。

[3]徵：指的是魏徵。

夫人性[1]相近，情则迁移，必须以学饬[2]情以成其性。《礼》云：“玉不琢不成器，人不学不知道。”所以古人勤于学问，谓之懿德[3]。

【解题】

这则名言强调的学习的重要性。虽然人的本性差不多，但是会因为感情的变化而发生变化，这就必须用学习来规范感情，所以古人将好学看做一种美德。

【注释】

[1]人性：人的本性，这里指的是善的本性。

[2]饬：规范、整治。

[3]懿德：美德。

岳阳楼记（节选）

北宋·范仲淹

若夫霪雨[1]霏霏[2]，连月不开[3]，阴风怒号，浊浪排空；日星隐曜[4]，山岳潜形[5]；商旅不行，樯倾楫摧[6]；薄暮冥冥，虎啸猿啼。登斯楼也，则有去国怀乡，忧谗畏讥[7]，满目萧然，感极而悲者矣。

至若春和景明，波澜不惊，上下天光，一碧万顷[8]；沙鸥翔集，锦鳞游泳[9]；岸芷汀兰，郁郁青青。而或长烟一空[10]，皓月千里，浮光跃金，静影沉璧[11]，渔歌互答，此乐何极！登斯楼也，则有心旷神怡，宠辱皆忘，把酒临风，其喜洋洋者矣。

嗟夫！予尝求古仁人之心，或异二者之为，何哉？不以物喜，不以己悲[12]。居庙堂之高则忧其民；处江湖之远则忧其君[13]。是进亦忧，退亦忧。然则何时而乐耶？其必曰“先天下之忧而忧，后天下之乐而乐”乎[14]！噫！微斯人，吾谁与归？[15]

【解题】

本文是一篇为重修岳阳楼写的记，内容充实，情感丰富，将叙事、写景、议论、抒情自然地结合起来，既有对事情本末的交代，又有对湖光水色的描写；既有精警深刻的议论，又有惆怅悲沉的抒情。文章通过迁客骚人登楼时或喜或悲的览物之情的分析议论，表达了作者“不以物喜，不以已悲”的博大胸怀和“先天下之忧而忧，后天下之乐而乐”的政治抱负。

【注释】

[1]霪雨：连绵的雨。

[2]霏霏：雨（或雪）繁密的样子。

[3]开：解除，这里指放晴。

[4]日星隐曜：太阳和星星隐藏起光辉。曜，光辉，光芒。

[5]山岳潜形：山岳隐没了形迹。

[6]樯倾楫摧：桅杆倒下，船桨折断。

[7]“去国”句：离开京都，怀念家乡，担心谗言，害怕讥讽。去：离开。国：京都。

[8]“上下”句：上下天色湖光相接，一片碧绿，广阔无际。

[9]“沙鸥”句：沙鸥时而飞翔、时而停歇，美丽的鱼儿在湖中游来游去。

[10]而或长烟一空：有时大片烟雾完全消散。

[11]静影沉璧：湖水平静时，明月映入水中，好似沉下一块玉璧。

[12]“不以物喜”句：不因为外物（好坏）和自己（得失）而或喜或悲（此句为互文）。以，因为。

[13]“居庙堂”句：在朝中做官担忧百姓，不在朝廷做官就为君

主担忧。

[14]“其必曰”句：那一定要说“在天下人担忧之前先担忧，在天下人享乐之后才享乐”吧！

[15]“微斯人”句：如果没有这种人，我和谁一道呢？微，非，如果没有。

前赤壁赋

北宋·苏轼

壬戌[1]之秋，七月既望[2]，苏子与客泛舟，游于赤壁之下。清风徐来，水波不兴。举酒属[3]客，诵明月之诗，歌窈窕之章。少焉[4]，月出于东山之上，徘徊于斗牛[5]之间。白露横江[6]，水光接天。纵一苇之所如，[7]凌万顷之茫然。浩浩乎如冯虚御风[8]，而不知其所止；飘飘乎如遗世独立，羽化[9]而登仙。

于是饮酒乐甚，扣舷而歌之。歌曰：“桂棹兮兰桨，[10]击空明兮溯流光。[11]渺渺兮予怀，望美人兮天一方。”客有吹洞箫者，倚歌而和之[12]。其声呜呜然，如怨如慕，如泣如诉，[13]余音袅袅，不绝如缕。舞幽壑之潜蛟，[14]泣孤舟之嫠妇。[15]

【解题】

《前赤壁赋》写于苏轼被贬谪黄州期间。元丰五年（1082年），苏轼曾两次泛游赤壁，写下了两篇以赤壁为题的赋，后人因此称第一篇为《前赤壁赋》,第二篇为《后赤壁赋》。

本文充分体现了苏轼散文自然本色、平易明畅的特色，那种纯真自然之美给古往今来的无数读者带来了非常难忘的艺术享受。

【注释】

[1]壬戌：宋神宗元丰五年，公元1082年。

[2]既望：既，过了；望，农历小月十五日，大月十六日。

[3]属：通“嘱”,引申为劝酒。

[4]少焉：不一会儿。

[5]斗牛：斗、牛，星宿名，即斗宿（南斗）、牛宿。

[6]白露横江：白茫茫的水气。横江：笼罩江面。

[7]纵：任凭。一苇：像一片苇叶那么小的船。

[8]冯虚御风：(像长出羽翼一样）驾风凌空飞行。冯，通“凭”，乘；虚，太空；御，驾御。

[9]羽化：道教把成仙叫做“羽化”。

[10]桂棹兮兰桨：用桂树木做的棹、用木兰做的船桨。棹，一种划船的工具，形似桨。

[11]击空明兮溯流光：船桨拍打着月光浮动的清澈的水，溯流而上。

[12]倚：依、按。和：同声相应。

[13]如怨如慕，如泣如诉：像是哀怨，像是思慕，像是啜泣，像是倾诉。慕，眷恋。

[14]舞幽壑之潜蛟：使深谷的蛟龙感动得起舞。

[15]泣孤舟之嫠妇：使孤舟上的寡妇伤心哭泣。

石钟山记（节选）

北宋·苏轼

《水经》云："彭蠡[1]之口有石钟山焉。"郦元[2]以为下临深潭，微风鼓[3]浪，水石相搏[4]，声如洪钟。是说也，人常疑之。今以钟磬[5]置水中，虽大风浪不能鸣也，而况石乎！至唐李渤[6]始访其遗踪，得双石于潭上，扣而聆之，南声函胡[7]，北音清越[8]，桴止响腾[9]，余韵徐歇。自以为得之矣。然是说也，余尤疑之。石之铿然[10]有声者，所在皆是也，而此独以钟名，何哉？

……

事不目见耳闻，而臆断其有无，可乎？郦元之所见闻，殆[11]与余同，而言之不详；士大夫终不肯以小舟夜泊绝壁之下，故莫能知；而渔工水师虽知而不能言。此世所以不传也。而陋者[12]乃以斧斤考击而求之[13]，自以为得其实[14]。余是以记之，盖叹郦元之简，而笑李渤之陋也。

【解题】

《石钟山记》是一篇考察性的游记。文章通过记叙作者对石钟山得名由来的探究，说明要认识事物的真相必须“目见耳闻”，切忌主观臆断的道理。全文由思而行，由感而发，夹叙、夹议，记叙、描写、议论、抒情环环相扣，浑然一体，是因事说理的千古名篇。

【注释】

[1]彭蠡：鄱阳湖的别称。

[2]郦元：即郦道元，北魏著名的地理学家、文学家，著有《水经注》。

[3]鼓：振动。

[4]搏：击，拍。

[5]磬：古代打击乐器，形状像曲尺，用玉或石制成。

[6]李渤：唐朝洛阳人，著有《辨石钟山记》。

[7]南声函胡：南边（那座山石）的声音重浊而模糊。函胡：同“含糊”。

[8]北音清越：北边（那座山石）的声音清脆而响亮。越：高扬。

[9]桴止响腾：鼓槌停止了（敲击），声音还在传播。腾：传播。

[10]铿然：形容敲击金石所发出的响亮声音。

[11]殆：大概。

[12]陋者：浅陋的人。

[13]以斧斤考击而求之：用斧头敲打石头的办法来寻求（石钟山得名的）原因。

[14]实：指事情的真相。

六国论（节选）

北宋·苏洵

鸣呼！以[1]赂秦之地封天下之谋臣，以事[2]秦之心礼[3]天下之奇才，并力西向，则吾恐秦人食之不得下咽也[4]。悲夫！有如此之势，而[5]为秦人积威之所劫，日削月割[6]，以趋于亡。为[7]国者无使为积威之所劫[8]哉！

夫六国与秦皆诸侯，其势弱于[9]秦，而犹有可以不赂而胜之之势。苟以天下之大，而从六国破亡之故事，[10]是又在六国下矣。

【解题】

《六国论》是苏洵政论文的代表作品。

【注释】

[1]以：用。

[2]事：侍奉。

[3]礼：以礼对待。

[4]下：吞下。咽：咽喉。

[5]而：却，表转折。

[6]日：每天。

[7]为：治理。

[8]劫：胁迫、挟制。

[9]于：比。

[10]以：凭着。故事：旧例。

游褒禅山记（节选）

北宋・王安石

于是余有叹焉：古人之观于天地、山川、草木、虫鱼、鸟兽，往往有得，以其求思之深而无不在也。夫夷以近，则游者众；险以远，则至者少。而世之奇伟、瑰怪、非常之观，常在于险远，而人之所罕至焉，故非有志者不能至也。有志矣，不随以止也，然力不足者，亦不能至也。有志与力，而又不随以怠，至于幽暗昏惑[1]而无物以相之，亦不能至也。然力足以至焉，于人为可讥，而在己为有悔；尽吾志也而不能至者，可以无悔矣，其孰能讥之乎？此余之所得[2]也！

【解题】

《游褒禅山记》是北宋的政治家、思想家王安石在辞官回家的归途中游览了褒禅山后，在同年七月以追忆形式写下的一篇游记。

【注释】

[1]至于：抵达、到达。幽暗昏惑：幽深昏暗，叫人迷乱的地方。相：帮助、辅助。

[2]得：心得、收获。

读孟尝君传

北宋·王安石

世皆称孟尝君[1]能得士，士以故归之；而卒赖其力以脱于虎豹之秦[2]。嗟乎！孟尝君特鸡鸣狗盗之雄耳[3]，岂足以言得士？不然，擅齐之强[4]，得一士焉，宜可以南面而制秦[5]，尚何取鸡鸣狗盗之力哉？夫鸡鸣狗盗之出其门，此士之所以不至也。

【解题】

《读孟尝君传》作者王安石，是我国历史上的第一篇驳论文。王安石指出孟尝君并不是“将士之人”，只不过是“鸡鸣狗盗之雄”而已。他认为贤明之士是指治国安邦的人，正因为孟尝君门下尽是一些雕虫小技之士，所以真正的贤明之士是不肯投靠他的。文章的观点非常有新意，和之前的评论大相径庭，但是又很有说服力。现在看来，只是对人才标准的不同看法而已。

【注释】

[1]孟尝君：姓田名文，战国时齐国的贵族。他养士数千人，成为齐国的重要政治力量，后担任了齐相。

[2]卒：终于。其：指门下士。虎豹之秦：像虎豹一样凶残的秦国，这里指的是“鸡鸣狗盗”的故事。

[3]特：只、仅仅。雄：首领。

[4]擅齐之强：拥有齐国的强大国力。擅，拥有。

[5]南面而制秦：南面称王制服秦国。古代君臣相见，帝王坐北面南，臣在对面朝见。制，制服。

爱莲说

北宋·周敦颐

水陆草木之花，可爱者甚蕃[1]。晋陶渊明独爱菊。自李唐[2]来，世人甚爱牡丹。予独爱莲之出淤泥而不染，濯清涟[3]而不妖[4]，中通外直[5]，不蔓不枝[6]，香远益清[7]，亭亭净植[8]，可远观而不可亵[9]玩焉。

予谓菊，花之隐逸者也；牡丹，花之富贵者也；莲，花

之君子者也。噫[10]！菊之爱[11]，陶后鲜[12]有闻。莲之爱，同予者何人[13]？牡丹之爱，宜乎众矣[14]。

【解题】

周敦颐，字茂叔，号濂溪，谥号元公，北宋思想家、理学家、哲学家。他一生淡泊名利、不求闻达，北宋文学大家黄庭坚曾这样赞誉他："人品甚高，胸怀洒落，如光风霁月……"本文托物言志，以莲喻人，通过对莲花的描写和赞美，歌颂了君子"出淤泥而不染"的美德。

【注释】

[1]蕃：很多。

[2]李唐：指唐朝。唐朝皇帝姓李所以称为"李唐"。

[3]清涟：水清而有微波，这里指清澈的水。

[4]妖：漂亮而不庄重。

[5]中通外直：（它的茎）内空外直。

[6]不蔓不枝：没有缠绕的蔓，也没有旁逸的枝。

[7]香远益清：香气远播，更显清芬。

[8]亭亭净植：笔直地、洁净地直立在那里。

[9]亵：亲近而不庄重。

[10]噫：叹词，相当于现代汉语的"唉"。

[11]菊之爱：对于菊花的喜爱。

[12]鲜：很少。

[13]同予者何人：像我一样的还有谁呢？

[14]宜乎众矣：应该是非常多了。

资治通鉴（节选）

北宋·司马光

才德全尽谓之[1]“圣人”，才德兼亡谓之“愚人”，德胜才谓之“君子”，才胜德谓之“小人”。凡取人之术，苟不得圣人，君子而与之，与其得小人，不若得愚人。

夫德者，人之所严[2]；而才者，人之所爱。爱者易亲，严者易疏，是以察者多蔽于才而遗于德。自古昔以来，国之乱臣，家之败子，才有余而德不足，以至于颠覆者多矣！

【解题】

《资治通鉴》是我国古代著名历史学家、政治家司马光组织编纂的一部规模空前的编年体通史巨著。在这部书里，编者总结出许多经验教训，供统治者借鉴，即以历史的得失作为鉴诫来加强统治，所以名为《资治通鉴》。《资治通鉴》的内容以政治、军事和民族关系为主，兼及经济、文化和历史人物评价，目的是通过对事关国家盛衰、民族兴亡的统治阶级政策的描述，以警示后人。

【注释】

[1]谓之：称之为。

[2]严：敬。

醉翁亭记

北宋·欧阳修

环滁[1]皆山也。其西南诸峰，林壑尤美。望之蔚然而深秀者，琅琊[2]也。山行六七里，渐闻水声潺潺而泻出于两峰之间者，酿泉[3]也。峰回路转，有亭翼然[4]临于泉上者，醉翁亭也。作亭者谁？山之僧智仙[5]也。名之者谁？太守自谓也。太守与客来饮于此，饮少辄醉，而年又最高，故自号曰醉翁也。醉翁之意不在酒，在乎山水之间也。山水之乐，得之心而寓之酒也。

若夫日出而林霏[6]开，云归[7]而岩穴暝[8]，晦[9]明变化者，山间之朝暮也。野芳发而幽香，佳木秀而繁阴，风霜高洁，水落而石出者，山间之四时也。朝而往，暮而归，四时之景不同，而乐亦无穷也。

至于负者歌于途，行者休于树，前者呼，后者应，伛偻提携[10]，往来而不绝者，滁人游也。临溪而渔，溪深而鱼肥，酿泉为酒，泉香而酒洌，山肴野蔌[11]，杂然而前陈者，太守宴

也。宴酣之乐，非丝非竹，射者中，弈者胜，觥筹交错[12]，起坐而喧哗者，众宾欢也。苍颜[13]白发，颓然[14]乎其间者，太守醉也。

【解题】

欧阳修因政治原因被贬任滁州太守，《醉翁亭记》就作于这段时间内。欧阳修在滁州实行宽简政治、发展生产，使当地百姓过上了和平安定的生活，加之当地风景秀丽，这让欧阳修感到无比快慰。但是当时整个的北宋王朝却是政治昏暗、奸邪当道，国家的积弊深重，这又不能不使他感到忧虑和痛苦。这两方面的情感都融合在了这篇文章中。

【注释】

[1]环滁：环绕着滁州城。滁州在今安徽省东部。

[2]琅琊：山名，在滁州西南十里。

[3]酿泉：水清可酿酒。

[4]翼然：像鸟张开翅膀一样，形容亭子四角向上翘起。

[5]智仙：琅琊山琅琊寺僧。

[6]林霏：树林里的雾气。霏，雾气。

[7]云归：烟云聚拢。

[8]暝：昏暗。

[9]晦：阴暗。

[10]伛偻：腰背弯曲，这里指代老年人；提携：搀扶、带领，这里指代小孩子。

[11]野蔌：野菜。蔌：菜蔬。

[12]觥筹交错：酒杯和酒筹交互错杂。觥：酒杯。筹：酒筹，宴会上行令或游戏时饮酒计数用的签子。

[13]苍颜：容颜苍老。

[14]颓然：原意是精神不振的样子，这里形容醉醺醺的样子。

伶官传序（节选）

北宋·欧阳修

呜呼！盛衰之理，虽曰天命，岂非人事哉！原[1]庄宗之所以得天下，与其所以失之者，可以知之矣。

《书》曰："满招损，谦受益。"忧劳可以兴国，逸豫[2]可以亡身，自然之理也。

故方其盛也，举天下之豪杰，莫能与之争；及其衰也，数十伶人困之，而身死国灭，为天下笑。夫祸患常积于忽微[3]，而智勇多困于所溺[4]，岂独伶人也哉！作《伶官传》。

【解题】

本文选自《新五代史·伶官传》。《新五代史》，原名五代史记，由北宋欧阳修编撰完成，后世为区别于薛居正等官修的五代史，称为《新五代史》。本文阐述了国家的盛衰、事业的成败取决于人事而非天命的道理。

【注释】

[1]原：通“源”，推本求源，推究。

[2]逸豫：逍遥游乐。

[3]忽微：极细小的东西。

[4]所溺：沉溺迷恋的人或事物。

梦溪笔谈（节选）

北宋·沈括

庆历中有布衣毕升，又为活板。其法：用胶泥刻字，薄如钱唇[1]，每字为一印，火烧令坚[2]。先设一铁板，其上以松脂、蜡和纸灰之类冒[3]之。欲印，则以一铁范[4]置铁板上，乃密布字印，满铁范为一板，持就火炀之[5]，药[6]稍熔，则以一平板按其面，则字平如砥[7]。若止印三二本，未为简易；若印数十百千本，则极为神速。常作二铁板，一板印刷，一板已自布字，此印者才毕，则第二板已具，更互用之，瞬息可就。每一字皆有数印，如“之”、“也”等字，每字有二十余印，以备一板内有重复者。不用，则以纸帖之，每韵为一帖，木格贮之。[8]有奇字[9]素无备者，旋刻之，以草火烧，瞬息可成。不以木为之者，文理有疏密，沾水则高下不平，兼与药相粘，不可取；不若燔土[10]，用讫[11]再火令药熔，以手拂之，其印自落，殊不沾污。

【解题】

《梦溪笔谈》是北宋的沈括所著的笔记体著作，收录了沈括一生的所见所闻和见解，基本上反映了北宋的科学发展水平，被西方学者称为中国古代的百科全书。

【注释】

[1]钱唇：铜钱的边缘。

[2]印：印模。令坚：使坚硬。

[3]冒：蒙、盖。

[4]范：框子。

[5]持就火炀之：把它拿到火上烤。就，靠近。炀，烤。

[6]药：指上文说的松脂、蜡等物。

[7]字平如砥：字印像磨刀石那样平。砥：磨刀石。

[8]每韵为一帖，木格贮之：每一个韵部的字做一个标签，用木格子把它存放起来。韵：指韵部。

[9]奇字：写法特殊，或生僻、不常用的字。

[10]燔土：指火烧过的黏土字印。燔：烧。

[11]讫：终了、完毕。

《小窗幽记》[1]六则

多躁者，必无沉潜之识；多畏者，必无卓越之见；多欲者，必无慷慨之节；多言者，必无笃实之心；多勇者，必无文学之雅。

一失脚为千古恨，再回头是百年人。

宠辱不惊，肝木自宁；动静以敬，心火自定；饮食有节，脾土不泄；调息寡言，肺金自全；怡神寡欲，肾水自足。

流年不复记，但见花开为春，花落为秋；终岁无所营，惟知日出而作，日入而息。

人在病中，百念灰冷，虽有富贵，欲享不可，反羡贫贱而健者。是故人能于无事时常作病想，一切名利之心，自然扫去。

雪后寻梅，霜前访菊，雨际护兰，风外听竹。

【注释】

[1]小窗幽记：一名《醉古堂剑扫》，是一本格言警句类小品文集，内分醒、情、峭、灵、素、景、韵、奇、绮、豪、法、倩十二集，为明代陈继儒撰。陈继儒（1558—1639），字仲醇，号眉公，又号麋公，松江华亭人，明代文学家、书画家。

幽梦影[1]（节选）

读经宜冬，其神专也；读史宜夏，其时久也；读诸子宜秋，其致别也；读诸集宜春，其机畅也。

上元须酌豪友；端午须酌丽友；七夕须酌韵友；中秋须酌淡友；重九须酌逸友。

对渊博友，如读异书；对风雅友，如读名人诗文；对谨饬友，如读圣贤经传；对滑稽友，如阅传奇小说。

少年人须有老成之识见，老成人须有少年之襟怀。

少年读书，如隙中窥月；中年读书，如庭中望月；老年读书，如台上玩月。皆以阅历之浅深，为所得之浅深耳。

律己宜带秋气，处世宜带春气。

藏书不难，能看为难；看书不难，能读为难；读书不难，能用为难；能用不难，能记为难。

人莫乐于闲，非无所事事之谓也。闲则能读书，闲则能游名胜，闲则能交益友，闲则能饮酒，闲则能著书。天下之乐，孰大于是。

文章是案头之山水，山水是地上之文章。

凡事不宜刻，若读书则不可不刻；凡事不宜贪，若买书则不可不贪；凡事不宜痴，若行善则不可不痴。

【注释】

[1]幽梦影：《幽梦影》是一本随笔体格言小品文集，清代张潮所撰。张潮，字山来，号心斋、仲子，安徽歙县人，清代文学家、小说家、刻书家。官至翰林院孔目，康熙十年（1671年）侨寓扬州，长与戏剧家孔尚任和文学家陈维崧交好。

《围炉夜话》[1]三则

门户之衰，总由于子孙之骄惰；风俗之坏，多起于富贵之淫奢。

天地生人，都有一个良心。苟丧此良心，则人去禽兽不远矣；圣贤教人，总是一条正路。若舍此正路，则常行荆棘之中矣。

世风之狡诈多端，到底忠厚人颠扑不破；末俗以繁华相尚，终觉冷淡处趣味弥长。

【注释】

[1]围炉夜话：《围炉夜话》是一本文学品评著作，乃清代王永彬所撰。作者在文中虚拟了一个与至交好友在冬日里围着火炉畅谈文艺的情境，语言亲切、自然、易读。

卖柑者言

明·刘基

杭有卖果者，善藏柑，涉[1]寒暑不溃[2]。出之烨然[3]，玉质而金色。置于市，贾[4]十倍，人争鬻[5]之。予贸得其一，剖之，如有烟扑口鼻，视其中，则干若败絮[6]。予怪而问之曰："若[7]所市于人者，将以实笾豆[8]、奉祭祀、供宾客乎？将炫外以惑愚瞽[9]也？甚矣哉，为欺也。"

卖者笑曰："吾业是有年矣，吾赖是以食吾躯。吾售之，人取之，未尝有言；而独不足子所乎！世之为欺者不寡矣，而独我也乎？吾子未之思也！今夫佩虎符、坐皋比[10]者，洸洸[11]乎干城之具[12]也，果能授孙、吴之略耶？峨大冠、拖长绅[13]者，昂昂乎庙堂之器也，果能建伊、皋之业耶？盗起而不知御，民困而不知救，吏奸而不知禁，法斁[14]而不知理，坐糜廪粟[15]而不知耻。观其坐高堂、骑大马、醉醇醴而饫[16]肥鲜者，孰不巍巍乎可畏，赫赫乎可象也！又何往而不金玉其外，败絮其中也哉！今子是之不察，而以察吾柑。”

【解题】

《卖柑者言》的作者是刘基，文章假托卖柑者的一席话，无情地揭露了元末统治者的腐败弊政，抒发了愤世嫉俗之情。

【注释】

[1]涉：经历。

[2]溃：腐烂。

[3]烨然：光彩鲜明的样子。

[4]贾：同“价”，价格。

[5]鬻：购买。

[6]败絮：破旧的棉絮。

[7]若：代词，你。

[8]实：填塞，装满。笾豆：古代祭祀时盛祭品的两种器具。

[9]瞽：瞎子。

[10]皋比：虎皮，指将军的坐席。

[11]洸洸：威武的样子。

[12]干城之具：捍卫国家的将才。

[13]绅：古代士大夫系在衣服外面的腰带。

[14]斁：败坏。

[15]縻：浪费。廪粟：粮食。

[16]饫：饱食。

项脊轩记（节选）

明·归有光

项脊轩，旧南阁子[1]也。室仅方丈，可容一人居。百年老屋，尘泥渗漉[2]，雨泽下注[3]；每移案，顾视无可置者。又北向，不能得日，日过午已昏。余稍为修葺[4]，使不上漏。前辟四窗，垣墙周庭[5]，以当南日。日影反照，室始洞然[6]。又杂植兰桂竹木于庭，旧时栏楯[7]，亦遂增胜[8]。借书满架，偃仰啸歌，冥然兀坐[9]，万籁有声，而庭阶寂寂，小鸟时来啄食，人至不去。三五之夜，明月半墙，桂影斑驳，风移影动，珊珊[10]可爱。

【解题】

本文的作者是明代散文家归有光。文章记述与项脊轩有关的人事变迁，流露出对家庭盛衰的感慨和对祖母、母亲、妻子的怀念。

【注释】

[1]阁子：指小屋。

[2]渗漉：即渗漏，水从孔隙漏下。

[3]雨泽下注：雨水如注而下。下：向下。

[4]修葺：修补。

[5]垣墙周庭：在庭院的四周筑起围墙。

[6]洞然：明亮的样子。

[7]栏楯：栏杆。楯：栏杆的横木。

[8]增胜：增加美观。

[9]冥然兀坐：静静地独自坐着。冥然：静默的样子。

[10]珊珊：亦作姗姗，女子缓缓行走的样子。

病梅馆记

清·龚自珍

江宁[1]之龙蟠[2]，苏州之邓尉[3]，杭州之西溪[4]，皆产梅。或[5]曰："梅以曲为美，直则无姿；以欹[6]为美，正则无景；以疏为美，密则无态。"固[7]也。此文人画士，心知其意，未可明[8]诏[9]大号以绳[10]天下之梅也；又不可以使天下之民斫[11]直，删密，锄正，以夭梅病梅[12]为业以求钱也。梅之欹之疏之曲，又非蠢蠢求钱之民能以其智力为也。有以文人画士孤癖之隐明告鬻梅者[13]，斫其正，养其旁条，删其密，夭其稚枝，锄其直，遏其生气，以求重价[14]，而江浙之梅皆病。文人画士之祸之烈至此哉！

【解题】

清朝封建统治者为了加强思想统治，一方面以八股文作为科举考试选用人才的法定文体，以束缚人们的思想；另一方面大兴文字狱，镇压知识分子。本文写于1839年，正是鸦片战争前夕，作者托梅议政，形象地揭露和抨击了清朝封建统治者束缚人们思想，压抑、摧残人才的罪行，表达了作者要求改革政治，打破严酷的思想统治，追求个性解放的强烈愿望。

【注释】

[1]江宁：地名，旧江宁府所在地，今在江苏南京。

[2]龙蟠：地名，龙蟠里，今在南京清凉山下。

[3]邓尉：山名，今在江苏苏州西南。

[4]西溪：地名。

[5]或：有人。

[6]欹：倾斜。

[7]固：本来。

[8]明：公开。

[9]诏：告诉，一般指上级告知下级。

[10]绳：约束。

[11]斫：砍削。

[12]夭梅病梅：摧折梅，把它弄成病态。夭，使……摧折（使……弯曲）。

[13]孤癖：特殊的嗜好。隐：隐衷，隐藏心中特别的嗜好。鬻：卖。

[14]重价：大价钱。

曾国藩家书（节选）

清·曾国藩

方今天下大乱，人怀苟且之心。出范围之外，无过而问焉者。吾辈当立准绳，自为守之，并约同志共守之，无使吾心之贼，破吾心之墙。

治生不求富，读书不求官，修德不求报，为文不求传。

阅陶诗[1]全部，取其太闲适者记出，将钞一册，合之杜、韦、白、苏、陆[2]五家之闲适诗纂成一集，以备朝夕讽诵，洗涤名利争胜之心。

福不可享尽，有势不可使尽。

盖士人读书，第一要有志，第二要有识，第三要有恒。

【解题】

《曾国藩家书》是曾国藩的书信集，所涉及的内容极为广泛，是曾国藩一生的主要活动和其治政、治家、治学之道的生动反映。家书行文从容镇定、形式自由、随想而到、挥笔自如，在平淡家常中蕴育真知良言，具有极强的说服力和感召力。

【注释】

[1]陶诗：陶渊明的诗作。

[2]杜、韦、白、苏、陆：分别指的是杜甫、韦庄、白居易、苏轼、陆游。

《人间词话》三则

王国维

词以境界为最上。有境界则自成高格，自有名句。五代北宋之词所以独绝者在此。

有造境，有写境，此理想与写实二派之所由分。然二者颇难分别，因大诗人所造之境必合乎自然，所写之境亦必邻于理想故也。

有有我之境，有无我之境。“泪眼问花花不语，乱红飞过秋千去”[1]，“可堪孤馆闭春寒，杜鹃声里斜阳暮”[2]，有我之境也。“采菊东篱下，悠然见南山”[3]，“寒波澹澹起，白鸟悠悠下”[4]，无我之境也。有我之境，以我观物，故物皆着我之色彩。无我之境，以物观物，故不知何者为我，何者为物。古人为词，写有我之境者为多，然未始不能写无我之境，此在豪杰之士能自树立耳。

【解题】

《人间词话》是王国维关于文学批评的著述中最为人所重视的一部作品，是接受了西洋美学思想的洗礼后，以崭新的眼光对中国旧文学所作的评论，但他又脱弃西方理论之局限，力求运用自己的思想见解，尝试将某些西方思想中的重要概念，融入中国固有的传统批评中，称得上是一部屈指可数的作品。

【注释】

[1]冯延巳《鹊踏枝》：“庭院深深深几许？杨柳堆烟，帘幕无重数。玉勒雕鞍游冶处，楼高不见章台路。雨横风狂三月暮。门掩黄昏，无计留春住。泪眼问花花不语，乱红飞过秋千去。”

[2]秦观《踏莎行》：“雾失楼台，月迷津渡，桃源望断无寻处。可堪孤馆闭春寒，杜鹃声里斜阳暮。驿寄梅花，鱼传尺素，砌成此恨无重数。郴江幸自绕郴山，为谁流下潇湘去？”

[3]陶潜《饮酒》第五首：“结庐在人境，而无车马喧。问君何能尔？心远地自偏。采菊东篱下，悠然见南山。山气日夕佳，飞鸟相与还。此中有真意，欲辩已忘言。”

[4]元好问《颍亭留别》：“故人重分携，临流驻归驾。乾坤展清眺，万景若相借。北风三日雪，太素秉元化。九山郁峥嵘，了不受陵跨。寒波澹澹起，白鸟悠悠下。怀归人自急，物态本闲暇。壶觞负吟啸，尘土足悲咤。回首亭中人，平林淡如画。”

少年中国说（节选）

梁启超

日本人之称我中国也，一则曰老大帝国，再则曰老大帝国。是语也，盖袭译欧西人之言也。呜呼！我中国其果老大矣乎？梁启超曰：恶！是何言！是何言！吾心目中有一少年中国在。

欲言国之老少，请先言人之老少。老年人常思既往，少年人常思将来。惟思既往也，故生留恋心；惟思将来也，故生希望心。惟留恋也，故保守；惟希望也，故进取。惟保守也，故永旧；惟进取也，故日新。惟思既往也，事事皆其所已经者，故惟知照例；惟思将来也，事事皆其所未经者，故常敢破格。老年人常多忧虑，少年人常好行乐。惟多忧也，故灰心；惟行乐也，故盛气。惟灰心也，故怯懦；惟盛气也，故豪壮。惟怯懦也，故苟且；惟豪壮也，故冒险。惟苟且也，故能灭世界；惟冒险也，故能造世界。老年人常厌事，少年人常喜事。惟厌事也，故常觉一切事无可为者；惟好事也，故常觉一切事无不可为者。老年人如夕照，少年人如朝阳。老年人如瘠牛，少年人如乳虎。此老年与少年性格不同之大略也。梁启超曰：人固有之，国亦宜然。

造成今日之老大中国者，则中国老朽之冤业也；制出将来之少年中国者，则中国少年之责任也。故今日之责任，不在他人，而全在我少年。少年智则国智，少年富则国富，少年强则国强，少年独立则国独立，少年自由则国自由，少年进步则国进步，少年胜于欧洲则国胜于欧洲，少年雄于地球则国雄于地球。

【解题】

《少年中国说》是清朝末年梁启超所作的散文，写于戊戌变法失败后的1900年，文中极力歌颂少年的朝气蓬勃，指出封建统治下的中国是“老大帝国”，热切希望出现“少年中国”，振奋人民的精神。文章不拘格式，多用比喻，具有强烈的鼓动性。酣畅淋漓，多用比喻、对比，具有强烈的进取精神，寄托了作者对少年中国的热爱和期望。

湖心泛月记

林纾

杭人佞佛，以六月十九日为佛诞。先一日，阖城士女皆夜出，进香于三竺诸寺。有司不能禁，留涌金门待之。

余食既，同陈氏二生，霞轩、诒孙亦出城荡舟，为湖游。霞轩能洞箫，遂以箫从。

月上吴山，雾霭溟，截然划湖之半。幽火明灭相间，约丈许者六七处，画船也。洞箫于中流发声，声微细，受风若咽，而凄悄哀怨，湖山触之，仿佛若中秋气。雾消，月中湖水纯碧，舟沿白堤止焉。余登锦带桥，霞轩乃吹箫背月而行。入柳阴中，堤柳蓊郁为黑影，柳断处乃见月。霞轩著白袷衫，立月中。凉蝉触箫，警而群噪。夜景澄澈，画船经堤下者，咸止而听，有歌而和者。诒孙顾余此赤壁之续也。

余读东坡夜泛西湖五绝句，景物凄黯，忆南宋以前，湖面尚萧寥，恨赤壁之箫，弗集于此。然则今夜之游，余固未袭东坡耳。夫以湖山遭幽人踪迹，往往而类。安知百余年后，不有袭我者，宁能责之袭东坡也。

天明入城，二生趣余急为之记。

【解题】

林纾（1852—1924），福建闽侯人，作家、翻译家。著有小说集《京华碧血》，诗集《畏庐诗存》，笔记《畏庐琐记》，译作《恺撒遗事》、《茶花女遗事》等。

从百草园到三味书屋（节选）

鲁迅

我家的后面有一个很大的园，相传叫作百草园。现在是早已并屋子一起卖给朱文公的子孙了，连那最末次的相见也已经隔了七八年，其中似乎确凿只有一些野草；但那时却是我的乐园。

不必说碧绿的菜畦，光滑的石井栏，高大的皂荚树，紫红的桑椹；也不必说鸣蝉在树叶里长吟，肥胖的黄蜂伏在菜花上，轻捷的叫天子（云雀）忽然从草间直窜向云霄里去了。单是周围的短短的泥墙根一带，就有无限趣味。油蛉在这里低唱，蟋蟀们在这里弹琴。翻开断砖来，有时会遇见蜈蚣；还有斑蝥，倘若用手指按住它的脊梁，便会啪的一声，从后窍喷出一阵烟雾。何首乌藤和木莲藤缠络着，木莲有莲房一般的果实，何首乌有臃肿的根。有人说，何首乌根是有像人形的，吃了便可以成仙，我于是常常拔它起来，牵连不断地拔起来，也曾因此弄坏了泥墙，却从来没有见过有一块根像人样。如果不怕刺，还可以摘到覆盆子，像小珊瑚珠攒成的小球，又酸又甜，色味都比桑椹要好得远。长的草里是不去的，因为相传这园里有一条很大的赤练蛇。

长妈妈曾经讲给我一个故事听：先前，有一个读书人住在古庙里用功，晚间，在院子里纳凉的时候，突然听到有人在叫他。答应着，四面看时，却见一个美女的脸露在墙头上，向他一笑，隐去了。他很高兴；但竟给那走来夜谈的老和尚识破了机关。说他脸上有些妖气，一定遇见“美女蛇”了；这是人首蛇身的怪物，能唤人名，倘一答应，夜间便要来吃这人的肉的。他自然吓得要死，而那老和尚却道无妨，给他一个小盒子，说只要放在枕边，便可高枕而卧。他虽然照样办，却总是睡不着，——当然睡不着的。到半夜，果然来了，沙沙沙！门外象是风雨声。他正抖作一团时，却听得豁的一声，一道金光从枕边飞出，外面便什么声音也没有了，那金光也就飞回来，敛在盒子里。后来呢？后来，老和尚说，这是飞蜈蚣，它能吸蛇的脑髓，美女蛇就被它治死了。

秋夜

鲁迅

在我的后园，可以看见墙外有两株树，一株是枣树，还有一株也是枣树。

这上面的夜的天空，奇怪而高，我生平没有见过这样的奇怪而高的天空。他仿佛要离开人间而去，使人们仰面不再看见。然而现在却非常之蓝，闪闪地映着几十个星星的眼，冷眼。他的口角上现出微笑，似乎自以为大有深意，而将繁霜洒在我的园里的野花草上。

我不知道那些花草真叫什么名字，人们叫他们什么名字。我记得有一种开过极细小的粉红花，现在还开着，但是更极细小了，她在冷的夜气中，瑟缩地做梦，梦见春的到来，梦见秋的到来，梦见瘦的诗人将眼泪擦在她最末的花瓣上，告诉她秋虽然来，冬虽然来，而此后接着还是春，胡蝶乱飞，蜜蜂都唱起春词来了。她于是一笑，虽然颜色冻得红惨惨地，仍然瑟缩着。

枣树，他们简直落尽了叶子。先前，还有一两个孩子来打他们别人打剩的枣子，现在是一个也不剩了，连叶子也落尽了。他知道小粉红花的梦，秋后要有春；他也知道落叶的梦，春后还是秋。他简直落尽叶子，单剩干子，然而脱了当初满树是果实和叶子时候的弧形，欠伸得很舒服。但是，有几枝还低亚着，护定他从打枣的竿梢所得的皮伤，而最直最长的几枝，却已默默地铁似的直刺着奇怪而高的天空，使天空闪闪地鬼䀹眼；直刺着天空中圆满的月亮，使月亮窘得发白。

鬼䀹眼的天空越加非常之蓝，不安了，仿佛想离去人间，避开枣树，只将月亮剩下。然而月亮也暗暗地躲到东边去了。而一无所有的干子，却仍然默默地铁似的直刺着奇怪而高的天空，一意要制他的死命，不管他各式各样地映着许多蛊惑的眼睛。

哇的一声，夜游的恶鸟飞过了。

我忽而听到夜半的笑声，吃吃地，似乎不愿意惊动睡着的人，然而四周的空气都应和着笑。夜半，没有别的人，我即刻听出这声音就在我嘴里，我也即刻被这笑声所驱逐，回进自己的房。灯火的带子也即刻被我旋高了。

后窗的玻璃上丁丁地响，还有许多小飞虫乱撞。不多久，几个进来了，许是从窗纸的破孔进来的。他们一进来，又在玻璃的灯罩上撞得丁丁地响。一个从上面撞进去了，他于是遇到火，而且我以为这火是真的。两三个却休息在灯的纸罩上喘气。那罩是昨晚新换的罩，雪白的纸，折出波浪纹的叠痕，一角还画出一枝猩红色的栀子。

猩红的栀子开花时，枣树又要做小粉红花的梦，青葱地弯成弧形了……我又听到夜半的笑声；我赶紧砍断我的心绪，看那老在白纸罩上的小青虫，头大尾小，向日葵子似的，只有半粒小麦那么大，遍身的颜色苍翠得可爱、可怜。

我打一个呵欠，点起一支纸烟，喷出烟来，对着灯默默地敬奠这些苍翠精致的英雄们。

影的告别

鲁迅

人睡到不知道时候的时候，就会有影来告别，说出那些话——

有我所不乐意的在天堂里，我不愿去；有我所不乐意的在地狱里，我不愿去；有我所不乐意的在你们将来的黄金世界里，我不愿去。

然而你就是我所不乐意的。

朋友，我不想跟随你了，我不愿住。

我不愿意。

呜乎呜乎，我不愿意，我不如彷徨于无地。

我不过一个影，要别你而沉没在黑暗里了。然而黑暗又会吞并我，然而光明又会使我消失。

然而我不愿彷徨于明暗之间，我不如在黑暗里沉没。

然而我终于彷徨在明暗之间，我不知道是黄昏还是黎明。我姑且举灰黑的手装作喝干一杯酒，我将在不知道时候的时候独自远行。

呜乎呜乎，倘若黄昏，黑夜自然会来沉没我，否则我要被白天消失，如果现是黎明。

朋友，时候近了。

我将向黑暗里彷徨于无地。

你还想我的赠品。我能献你甚么呢？无已，则仍是黑暗与虚空而已。但是我愿意只是黑暗，或者会消失于你的白天；我愿意只是虚空，决不占你的心地。

我愿意这样，朋友——

我独自远行，不但没有你，并且再没有别的影在黑暗里。只有我被黑暗沉没，那世界全属于我自己。

春

朱自清

盼望着，盼望着，东风来了，春天的脚步近了。

一切都像刚睡醒的样子，欣欣然张开了眼。山朗润起来了，水长起来了，太阳的脸红起来了。

小草偷偷地从土里钻出来，嫩嫩的，绿绿的。园子里，田野里，瞧去，一大片一大片满是的。坐着，躺着，打两个滚，踢几脚球，赛几趟跑，捉几回迷藏。风轻悄悄的，草绵软软的。

桃树、杏树、梨树，你不让我，我不让你，都开满了花赶趟儿。红的像火，粉的像霞，白的像雪。花里带着甜味，闭了眼，树上仿佛已经满是桃儿、杏儿、梨儿！花下成千成百的蜜蜂嗡嗡地闹着，大小的蝴蝶飞来飞去。野花遍地都是：杂样儿，有名字的，没名字的，散在草丛里，像眼睛，像星星，还眨呀眨的。

“吹面不寒杨柳风”，不错的，像母亲的手抚摸着你。风里带来些新翻的泥土的气息，混着青草味，还有各种花的香，都在微微润湿的空气里酝酿。鸟儿将窠巢安在繁花嫩叶当中，高兴起来了，呼朋引伴地卖弄清脆的喉咙，唱出宛转的曲子，与轻风流水应和着。牛背上牧童的短笛，这时候也成天在嘹亮地响。

雨是最寻常的，一下就是三两天。可别恼，看，像牛毛，像花针，像细丝，密密地斜织着，人家屋顶上全笼着一层薄烟。树叶子却绿得发亮，小草也青得逼你的眼。傍晚时候，上灯了，一点点黄晕的光，烘托出一片安静而和平的夜。乡下去，小路上，石桥边，撑起伞慢慢走着的人；还有地里工作的农夫，披着蓑，戴着笠的。他们的草屋，稀稀疏疏地在雨里静默着。

天上风筝渐渐多了，地上孩子也多了。城里乡下，家家户户，老老小小，他们也赶趟儿似的，一个个都出来了。舒活舒活筋骨，抖擞抖擞精神，各做各的一份事去。“一年之计在于春”；刚起头儿，有的是工夫，有的是希望。

春天像刚落地的娃娃，从头到脚都是新的，它生长着。

春天像小姑娘，花枝招展的，笑着，走着。

春天像健壮的青年，有铁一般的胳膊和腰脚，他领着我们上前去。

匆匆

朱自清

燕子去了，有再来的时候；杨柳枯了，有再青的时候；桃花谢了，有再开的时候。但是，聪明的，你告诉我，我们的日子为什么一去不复返呢？——是有人偷了他们罢：那是谁？又藏在何处呢？是他们自己逃走了罢：现在又到了哪里呢？

我不知道他们给了我多少日子；但我的手确乎是渐渐空虚了。在默默里算着，八千多日子已经从我手中溜去；像针尖上一滴水滴在大海里，我的日子滴在时间的流里，没有声音，也没有影子。我不禁头涔涔而泪潸潸了。

去的尽管去了，来的尽管来着；去来的中间，又怎样地匆匆呢？早上我起来的时候，小屋里射进两三方斜斜的太阳。太阳他有脚啊，轻轻悄悄地挪移了；我也茫茫然跟着旋转。于是——洗手的时候，日子从水盆里过去；吃饭的时候，日子从饭碗里过去；默默时，便从凝然的双眼前过去。我觉察他去的匆匆了，伸出手遮挽时，他又从遮挽着的手边过去，天黑时，我躺在床上，他便伶伶俐俐地从我身上跨过，从我脚边飞去了。等我睁开眼和太阳再见，这算又溜走了一日。我掩着面叹息。但是新来的日子的影儿又开始在叹息里闪过了。

在逃去如飞的日子里，在千门万户的世界里的我能做些什么呢？只有徘徊罢了，只有匆匆罢了；在八千多日的匆匆里，除徘徊外，又剩些什么呢？过去的日子如轻烟，被微风吹散了，如薄雾，被初阳蒸融了；我留着些什么痕迹呢？我何曾留着像游丝样的痕迹呢？我赤裸裸来到这世界，转眼间也将赤裸裸地回去罢？但不能平的，为什么偏要白白走这一遭啊？

你聪明的，告诉我，我们的日子为什么一去不复返呢？

荷塘月色（节选）

朱自清

曲曲折折的荷塘上面，弥望的是田田的叶子。叶子出水很高，像亭亭的舞女的裙。层层的叶子中间，零星地点缀着些白花，有袅娜地开着的，有羞涩地打着朵儿的；正如一粒粒的明珠，又如碧天里的星星，又如刚出浴的美人。微风过处，送来缕缕清香，仿佛远处高楼上渺茫的歌声似的。这时候叶子与花也有一丝的颤动，像闪电般，霎时传过荷塘的那边去了。

叶子本是肩并肩密密地挨着，这便宛然有了一道凝碧的波痕。叶子底下是脉脉的流水，遮住了，不能见一些颜色；而叶子却更见风致了。

月光如流水一般，静静地泻在这一片叶子和花上。薄薄的青雾浮起在荷塘里。叶子和花仿佛在牛乳中洗过一样；又像笼着轻纱的梦。虽然是满月，天上却有一层淡淡的云，所以不能朗照；但我以为这恰是到了好处——酣眠固不可少，小睡也别有风味的。月光是隔了树照过来的，高处丛生的灌木，落下参差的斑驳的黑影，峭楞楞如鬼一般；弯弯的杨柳的稀疏的倩影，却又像是画在荷叶上。塘中的月色并不均匀；但光与影有着和谐的旋律，如梵婀玲上奏着的名曲。

背影（节选）

朱自清

我看那边月台的栅栏外有几个卖东西的等着顾客。走到那边月台，须穿过铁道，须跳下去又爬上去。父亲是一个胖子，走过去自然要费事些。我本来要去的，他不肯，只好让他去。我看见他戴着黑布小帽，穿着黑布大马褂，深青布棉袍，蹒跚地走到铁道边，慢慢探身下去，尚不大难。可是他穿过铁道，要爬上那边月台，就不容易了。他用两手攀着上面，两脚再向上缩；他肥胖的身子向左微倾，显出努力的样子。

这时我看见他的背影，我的泪很快地流下来了。我赶紧拭干了泪，怕他看见，也怕别人看见。我再向外看时，他已抱了朱红的橘子往回走了。过铁道时，他先将橘子散放在地上，自己慢慢爬下，再抱起橘子走。到这边时，我赶紧去搀他。他和我走到车上，将橘子一股脑儿放在我的皮大衣上。于是扑扑衣上的泥土，心里很轻松似的，过一会儿说："我走了；到那边来信！"我望着他走出去。他走了几步，回过头看见我，说，"进去吧，里边没人。"等他的背影混入来来往往的人里，再找不着了，我便进来坐下，我的眼泪又来了。

故乡的野菜

周作人

我的故乡不止一个，凡我住过的地方都是故乡。故乡对于我并没有什么特别的情分，只因钓于斯游于斯的关系，朝夕会面，遂成相识，正如乡村里的邻舍一样，虽然不是亲属，别后有时也要想念到他。我在浙东住过十几年，南京东京都住过六年，这都是我的故乡，现在住在北京，于是北京就成了我的家乡了。

日前我的妻往西单市场买菜回来，说起有荠菜在那里卖着，我便想起浙东的事来。荠菜是浙东人春天常吃的野菜，乡间不必说，就是城里只要有后园的人家都可以随时采食，妇女小儿各拿一把剪刀、一只“苗篮”，蹲在地上搜寻，是一种有趣味的游戏的工作。

那时小孩们唱道：“荠菜马兰头，姊姊嫁在后门头。”后来马兰头有乡人拿来进城售卖了，但荠菜还是一种野菜，须得自家去采。关于荠菜向来颇有风雅的传说，不过这似乎以吴地为主。《西湖游览志》云：“三月三日男女皆戴荠菜花。谚云：三春戴荠花，桃李羞繁华。”顾禄的《清嘉录》上亦说，“荠菜花俗呼野菜花，因谚有三月三蚂蚁上灶山之语，三日人家皆以野菜花置灶陉上，以厌虫蚁。侵晨村童叫卖不绝。或妇女簪髻上以祈清目，俗号眼亮花。”但浙东人却不很理会这些事情，只是挑来做菜或炒年糕吃罢了。

黄花麦果通称鼠曲草，系菊科植物，叶小微圆互生，表面有白毛，花黄色，簇生梢头。春天采嫩叶，捣烂去汁，和粉作糕，称黄花麦果糕。小孩们有歌赞美之云：

黄花麦果韧结结，
关得大门自要吃，
半块拿弗出，
一块自要吃。

清明前后扫墓时，有些人家——大约是保存古风的人家——用黄花麦果作供，但不作饼状，做成小颗如指顶大，或细条如小指，以五六个作一攒，名曰茧果，不知是什么意思，或因蚕上山时设祭，也用这种食品，故有是称，亦未可知。自从十二三岁时外出不参与外祖家扫墓以后，不复见过茧果，近来住在北京，也不再见黄花麦果的影子了。日本称作“御形”，与荠菜同为春天的七草之一，也采来做点心用，状如艾饺，名曰“草饼”，春分前后多食之，在北京也有，但是吃去总是日本风味，不复是儿时的黄花麦果糕了。

扫墓时候所常吃的还有一种野菜，俗称草紫，通称紫云英。农人在收获后，播种田内，用作肥料，是一种很被贱视的植物，但采取嫩茎揃食，味颇鲜美，似豌豆苗。花紫红色，数十亩接连不断，一片锦绣，如铺着华美的地毯，非常好看，而且花朵状若蝴蝶，又如鸡雏，尤为小孩所喜，间有白色的花，相传可以治痢。很是珍重，但不易得。

日本《俳句大辞典》云：“此草与蒲公英同是习见的东西，从幼年时代便已熟识。在女人里边，不曾采过紫云英的人，恐未必有罢。”中国古来没有花环，但紫云英的花球却是小孩常玩的东西，这一层我还替那些小人们欣幸的。浙东扫墓用鼓吹，所以少年常随了乐音去看“上坟船里的姣姣”；没有钱的人家虽没有鼓吹，但是船头上篷窗下总露出些紫云英和杜鹃的花束，这也就是上坟船的确实的证据了。

【解题】

周作人（1885—1967），浙江绍兴人，现代作家。著有散文集《自己的园地》、《雨天的书》、《苦茶随笔》等。

故都的秋（节选）

郁达夫

秋天，无论在什么地方的秋天，总是好的；可是啊，北国的秋，却特别地来得清、来得静、来得悲凉。我的不远千里，要从杭州赶上青岛，更要从青岛赶上北平来的理由，也不过想饱尝一尝这“秋”，这故都的秋味。

江南，秋当然也是有的；但草木凋得慢，空气来得润，天的颜色显得淡，并且又时常多雨而少风；一个人夹在苏州、上海、杭州，或厦门、香港、广州的市民中间，浑浑沌沌地过去，只能感到一点点清凉，秋的味，秋的色，秋的意境与姿态、总看不饱，尝不透，赏玩不到十足。秋并不是名花，也并不是美酒，那一种半开、半醉的状态，在领略秋的过程上，是不合适的。

不逢北国之秋，已将近十余年了。在南方每年到了秋天，总要想起陶然亭的芦花、钓鱼台的柳影、西山的虫唱、玉泉的夜月、潭柘寺的钟声。在北平即使不出门去吧，就是在皇城人海之中，租人家一椽破屋来住着，早晨起来，泡一碗浓茶，向院子一坐，你也能看得到很高很高的碧绿的天色，听得到青天下驯鸽的飞声。从槐树叶底，朝东细数着一丝一丝漏下来的日光，或在破壁腰中，静对着像喇叭似的牵牛花（朝荣）的蓝朵，自然而然地也能够感觉到十分的秋意。说到了牵牛花，我以为以蓝色或白色者为佳，紫黑色次之，淡红者最下。最好，还要在牵牛花底，叫长着几根疏疏落落的尖细且长的秋草，使作陪衬。

北国的槐树，也是一种能使人联想起秋来的点缀。像花而又不是花的那一种落蕊，早晨起来，会铺得满地。脚踏上去，声音也没有，气味也没有，只能感出一点点极微细、极柔软的触觉。扫街的在树影下一阵扫后，灰土上留下来的一条条扫帚的丝纹，看起来既觉得细腻，又觉得清闲，潜意识下并且还觉得有点儿落寞，古人所说的梧桐一叶而天下知秋的遥想，大约也就在这些深沉的地方。

秋蝉的衰弱的残声，更是北国的特产；因为北平处处全长着树，屋子又低，所以无论在什么地方，都听得见它们的啼唱。在南方是非要上郊外或山上去才听得到的。这秋蝉的嘶叫，在北平可和蟋蟀、耗子一样，简直像是家家户户都养在家里的家虫。

还有秋雨哩，北方的秋雨，也似乎比南方的下得奇、下得有味、下得更像样。

在灰沉沉的天底下，忽而来一阵凉风，便息列索落地下起雨来了。一层雨过，云渐渐地卷向了西去，天又青了，太阳又露出脸来了；着着很厚的青布单衣或夹袄的都市闲人，咬着烟管，在雨后的斜桥影里，上桥头树底去一立，遇见熟人，便会用了缓慢悠闲的声调，微叹着、互答着说："唉，天可真凉了——"

【解题】

郁达夫（1896—1945），浙江富阳人，作家。著有短篇小说集《沉沦》、《茑萝集》，中篇小说《她是一个弱女子》，散文集《闲书》、《屐痕处处》、《达夫日记》等。

人生的乐趣

林语堂

我们只有知道一个国家人民生活的乐趣，才会真正了解这个国家，正如我们只有知道一个人怎样利用闲暇时光，才会真正了解这个人一样。只有当一个人歇下他手头不得不干的事情，开始做他所喜欢做的事情时，他的个性才会显露出来。只有当社会与公务的压力消失，金钱、名誉和野心的刺激离去，精神可以随心所欲地游荡之时，我们才会看到一个内在的人，看到他真正的自我。生活是艰苦的，政治是肮脏的，商业是卑鄙的，因而，通过一个人的社会生活状况去判断一个人，通常是不公平的。我发现我们有不少政治上的恶棍在其他方面却是十分可爱的人，许许多多无能而又夸夸其谈的大学校长在家里却是绝顶的好人。同理，我认为玩耍时的中国人要比干正经事情时的中国人可爱得多。中国人在政治上是荒谬的，在社会上是幼稚的，但他们在闲暇时却是最聪明、最理智的。他们有着如此之多的闲暇和悠闲的乐趣，这有关他们生活的一章，就是为愿意接近他们并与之共同生活的读者而作的。这里，中国人才是真正的自己，并且发挥得最好，因为只有在生活上他们才会显示出自己最佳的性格——亲切、友好与温和。

既然有了足够的闲暇，中国人有什么不能做呢？他们食蟹、品茗、尝泉、唱戏、放风筝、踢毽子、比草的长势、糊纸盒、猜谜、搓麻将、赌博、典当衣物、煨人参、看斗鸡、逗小孩、浇花、种菜、嫁接果树、下棋、沐浴、闲聊、养鸟、午睡、大吃二喝、猜拳、看手相、谈狐狸精、看戏、敲锣打鼓、吹笛、练书法、嚼鸭肫、腌萝卜、捏胡桃、放鹰、喂鸽子、与裁缝吵架、去朝圣、拜访寺庙、登山、看赛舟、斗牛、服春药、抽鸦片、闲荡街头、看飞机、骂日本人、围观白人、感到纳闷儿、批评政治家、念佛、练深呼吸、举行佛教聚会、请教算命先生、捉蟋蟀、嗑瓜子、赌月饼、办灯会、焚净香、吃面条、射文虎、养瓶花、送礼祝寿、互相磕头、生孩子、睡大觉。

这是因为中国人总是那么亲切、和蔼、活泼、愉快，那么富有情趣，又是那么会玩儿。尽管现代中国受过教育的人们总是脾气很坏，悲观厌世，失去了一切价值观念，但大多数人还是保持着亲切、和蔼、活泼、愉快的性格，少数人还保持着自己的情趣和玩耍的技巧。这也是自然的，因为情趣来自传统。人们被教会欣赏美的事物，不是通过书本，而是通过社会实例，通过在富有高尚情趣的社会里的生活，工业时代人们的精神无论如何是丑陋的，而某些中国人的精神——他们把自己的社会传统中一切美好的东西都抛弃掉，而疯狂地去追求西方的东西，可自己又不具备西方的传统，他们的精神更为丑陋。在全上海所有富豪人家的园林住宅中，只有一家是真正的中国式园林，却为一个犹太人所拥有。所有的中国人都醉心于什么网球场、几何状的花床、整齐的栅栏，修剪成圆形或圆锥形的树木，以及按英语字母模样栽培的花草。上海不是中国，但上海却是现代中国往何处去的不祥之兆。它在我们嘴里留下了一股又苦又涩的味道，就像中国人用猪油做的西式奶油糕点那样。它刺激了我们的神经，就像中国的乐队在送葬行列中大奏其“前进，基督的士兵们”一样。传统和趣味需要时间来互相适应。

【解题】

林语堂（1895—1976），福建龙溪人，作家。有散文集《翦拂集》、《大荒集》，长篇小说《京华烟云》、《朱门》，学术论著《语言学论书》等。

海燕

郑振铎

乌黑的一身羽毛，光滑漂亮，积伶积俐，加上一双剪刀似的尾巴，一对劲俊轻快的翅膀，凑成了那样可爱的活泼的一只小燕子。当春间二三月，轻飔微微的吹拂着，如毛的细雨无因的由天上洒落着，千条万条的柔柳，齐舒了它们的黄绿的眼，红的白的黄的花，绿的草，绿的树叶，皆如赶赴市集者似的奔聚而来，形成了烂熳无比的春天时，那些小燕子，那末伶俐可爱的小燕子，便也由南方飞来。加入了这个隽妙无比的春景的图画中，为春光平添了许多的生趣。小燕子带了它的双剪似的尾，在微风细雨中，或在阳光满地时，斜飞于旷亮无比的天空之上，唧的一声，已由这里稻田上，飞到了那边的高柳之下了。再几只却隽逸的在粼粼如縠纹的湖面横掠着，小燕子的剪尾或翼尖，偶沾了水面一下，那小圆晕便一圈一圈的荡漾了开去。那边还有飞倦了的几对，闲散的憩息于纤细的电线上，——嫩蓝的春天，几支木杆，几痕细线连于杆与杆间，线上是停着几个粗而有致的小黑点，那便是燕子，是多么有趣的一幅图画呀！还有一家家的快乐家庭，他们还特为我们的小燕子备了一个两个小巢，放在厅梁的最高处，假如这家有了一个匾额，那匾后便是小燕子最好的安巢之所。第一年，小燕子来往了，第二年，我们的小燕子，就是去年的一对，它们还要来住。

“燕子归来寻旧垒。”

还是去年的主，还是去年的宾，他们宾主间是如何的融融泄泄呀！偶然的有几家，小燕子却不来光顾，那便很使主人忧戚，他们邀召不到那么隽逸的嘉宾，每以为自己运命的蹇劣呢。

这便是我们故乡的小燕子，可爱的、活泼的小燕子，曾使几多的孩子们欢呼着、注意着、沉醉着，曾使几多的农人们市民们忧戚着，或舒怀的指点着，且曾平添了几多的春色，几多的生趣于我们的春天的小燕子！

【解题】

郑振铎（1898—1958），原籍福建长乐，生于浙江永嘉。作家、评论家、考古学家。著有短篇小说集《家庭的故事》，散文集《山中杂记》，专著《文学大纲》等。

谈生命（节选）

冰心

终于有一天，他远远地望见了大海，啊！他已到了行程的终结，这大海，使他屏息，使他低头，她多么辽阔、多么伟大、多么光明，又多么黑暗！大海庄严地伸出臂儿来接引他，他一声不响地流入她的怀里。他消融了、归化了，说不上快乐，也没有悲哀！也许有一天，他再从海上蓬蓬的雨点中升起，飞向西来，再形成一道江流，再冲倒两旁的石壁，再来寻夹岸的桃花。然而我不敢说来生，也不敢信来生！生命又像一棵小树，他从地底聚集起许多生力，在冰雪下延伸，在早春润湿的泥土中，勇敢快乐地破壳出来。他也许长在平原上、岩石上、城墙上，只要他抬头看见了天，啊！看见了天！他便伸出嫩叶来吸收空气，承受日光，在雨中吟唱，在风中跳舞。他也许受着大树的荫遮，也许受着大树的覆压，而他青春生长的力量，终使他穿枝拂叶地挣脱了出来，在烈日下挺立抬头！

他遇着骄奢的春天，他也许开出满树的繁华，蜂蝶围绕着他飘翔喧闹，小鸟在他枝头欣赏唱歌，他会听见黄莺清吟，杜鹃啼血，也许还听见枭鸟的怪鸣。他长到最茂盛的中年，他伸展出他如盖的浓荫，来荫庇树下的幽花芳草，他结出累累的果实，来呈现大地无尽的甜美与芳馨。秋风起了，将他的叶子由浓绿吹到绯红，秋阳下他再有一番的庄严灿烂，不是开花的骄傲，也不是结果的快乐，而是成功后的宁静和怡悦！

终于有一天，冬天的朔风，把他的黄叶干枝，卷落吹抖，他无力地在空中旋舞，在根下呻吟，大地庄严地伸出臂儿来接引他，他一声不响地落在她的怀里。他消融了，归化了，他说不上快乐，也没有悲哀！也许有一天，他再从地下的果仁中破裂了出来，又长成一棵小树，再穿过丛莽的严遮，再来听黄莺的歌唱，然而我不敢说来生，也不敢信来生。宇宙是一个大生命，我们是宇宙大气中之一息。江流入海，叶落归根，我们是大生命中之一叶，大生命中之一滴。在宇宙的大生命中，我们是多么卑微、多么渺小，而一滴一叶的活动生长合成了整个宇宙的进化运行。

要记住：不是每一道江流都能入海，不流动的便成了死湖；不是每一粒种子都能成树，不生长的便成了空壳！生命中不是永远快乐，也不是永远痛苦，快乐和痛苦是相生相成的。等于水道要经过不同的两岸，树木要经过常变的四时。在快乐中我们要感谢生命，在痛苦中我们也要感谢生命。快乐固然兴奋，苦痛又何尝不美丽？

【解题】

冰心（1900—1999），福建长乐人，女，作家、翻译家。有诗集

《繁星》、《春水》,散文集《寄小读者》,短篇小说集《超人》,译作《园丁集》(泰戈尔)、《先知》(纪伯伦)等。

翡冷翠山居闲话(节选)

徐志摩

你一个人漫游的时候，你就会在青草里坐坐、仰卧，甚至有时打滚，因为草的和暖的颜色，自然的唤起你童稚的活泼；在静僻的道上你就会不自主地狂舞，看着你自己的身影幻出种种诡异的变相，因为道旁树木的阴影在他们纡徐的婆娑里暗示你舞蹈的快乐；你也会得信口的歌唱，偶尔记起断片的童调，与你自己随口的小曲，因为树林中的莺燕告诉你春光是应得赞美的；更不必说你的胸襟自然会跟着漫长的山径开拓，你的心地会看着澄蓝的天空静定，你的思想和着山壑间的水声，山罅里的泉响，有时一澄到底的清澈；有时激起成章的波动，流，流，流入凉爽的橄榄林中，流入妩媚的阿诺河去……

并且你不但不须游伴，每逢这样的游行，你也不必带书。书是理想的伴侣，但你应得带书，是在火车上，在你住处的客室里，不是在你独身漫步的时候，什么伟大的深沉的鼓舞的清明的优美的思想的根源不是可以在风籁中，云彩里，山势与地形的起伏里，花草的颜色与香气里寻得？自然是最伟大的一部书，歌德说，在他每一页的字句里，我们读得最深奥的消息。并且这书上的文字是人人懂得的，阿尔卑斯与五老峰，西西里与普陀山，莱因河与扬子江，梨梦湖与西子湖，建兰和琼花，杭州西湖的芦雪与威尼斯夕照的红潮，百灵与夜莺，更不提一般紫的黄麦，一般黄的紫藤一般青的青草，同在大地上生长，同在和风中波动——他们应用的符号是永远一致的，他们的意义是永远明显的，只要你自己性灵上不长疮瘢，眼不盲，耳不塞，这无形迹的最高等教育便远是你的名分，这不取费的最珍贵的补剂便永远供你的受用；只要你认识了这一部书，你在这世界上寂寞时便不寂寞，穷困时不穷困，苦恼时有安慰，挫折时有鼓励，软弱时有督责，迷失时有南针。

【解题】

徐志摩（1896—1931），浙江海宁人，诗人。著有诗集《志摩的诗》、《猛虎集》，散文集《落叶》、《巴黎的鳞爪》，短篇小说集《轮盘》等。

哭摩（节选）

陆小曼

一转眼，你已经离开了我一个多月了，在这段时间我也不知道是怎样过来的，朋友们跑来安慰我，我也不知道是说什么好。虽然决心不生病，谁知一直到现在也没有离开过我一天。

摩摩，我虽然下了天大的决心，想与你争一口气，可是叫我怎生受得了每天每时的悲念你的一阵阵心肺的绞痛。到现在有时想哭，眼泪干得流不出一点；要叫，喉中疼得发不出声。虽然他们成天的逼我一碗碗的苦水，也难以补得我心头的悲痛，怕的是我恹恹的病体再受不了那岁月的摧残。我的爱，你叫我怎样忍受没有你在我身边的孤单。你那幽默的灵魂为什么这些日子也不给我一些声响？

我晚间有时也叫了他们走开，房间不让有一点声音，盼你在人静时给我一些声响，叫我知道你的灵魂是常常环绕着我，也好叫我在茫茫前途感觉到一点生趣，不然怕死也难以支持下去了。摩！大大！求你显一显灵罢，你难道忍心真的从此不再同我说一句话了么？不要这样的苛酷了罢！你看，我这孤单一人影从此怎样去撞这艰难的世界？难道你看了不心痛么？你爱我的心还存在么？你为什么不响？大！你真的不响了么？

洪水与猛兽

蔡元培

二千二百年前，中国有个哲学家孟轲，他说国家的历史常是“一乱一治”的。他说第一次大乱是四千二百年前的洪水，第二次大乱是三千年前的猛兽，后来说到他那时候的大乱，是杨朱、墨翟的学说。他又把自己的距杨、墨比较禹的抑洪水，周公的驱猛兽。所以崇奉他的人，就说杨、墨之害，甚于洪水猛兽。后来一个学者，要是攻击别种学说，总是袭用“甚于洪水猛兽”这句话。譬如唐、宋儒家，攻击佛、老，用他；清朝程朱派，攻击陆王派，也用他；现在旧派攻击新派，也用他。

我以为用洪水来比新思潮，很有几分相像。他的来势很勇猛，把旧日的习惯冲破了，总有一部分的人感受苦痛；仿佛水源太旺，旧有的河槽，不能容受他，就泛滥岸上，把田庐都扫荡了。对付洪水，要是如鲧的用湮法，便愈湮愈决，不可收拾。所以禹改用导法，这些水归了江河，不但无害，反有灌溉之利了。对付新思潮，也要舍湮法用导法，让他自由发展，定是有利无害的。孟氏称“禹之治水，行其所无事”，这正是旧派对付新派的好方法。

至于猛兽，恰好作军阀的写照。孟氏引公明仪的话：“庖有肥肉，厩有肥马，民有饥色，野有饿莩，此率兽而食人也。”

现在军阀的要人，都有几百万几千万的家产，奢侈得了不得，别种好好作工的人，穷得饿死；这不是率兽食人的样子么？现在天津、北京的军人，受了要人的指使，乱打爱国的青年，岂不明明是猛兽的派头么？

所以中国现在的状况，可算是洪水与猛兽竞争。要是有人能把猛兽驯服了，来帮同疏导洪水，那中国就立刻太平了。

可爱的中国（节选）

方志敏

朋友！中国是生育我们的母亲。你们觉得这位母亲可爱吗？我想你们是和我一样的见解，都觉得这位母亲是蛮可爱蛮可爱的。以言气候，中国处于温带，不十分热，也不十分冷，好像我们母亲的体温，不高不低，最适宜于孩儿们的偎依。以言国土，中国土地广大，纵横万数千里，好像我们的母亲是一个身体魁大、胸宽背阔的妇人，不像日本姑娘那样苗条瘦小。中国许多有名的崇山大岭，长江巨河，以及大小湖泊，岂不象征着我们母亲丰满坚实的肥肤上之健美的肉纹和肉窝？中国土地的生产力是无限的；地底蕴藏着未开发的宝藏也是无限的；废置而未曾利用起来的天然力，更是无限的；这又岂不象征着我们的母亲，保有着无穷的乳汁、无穷的力量，以养育她四万万七千万的孩儿？我想世界上再没有比她养得更多的孩子的母亲吧。至于说到中国天然风景的美丽，我可以说，不但是雄巍的峨眉、妩媚的西湖、幽雅的雁荡，与夫“秀丽甲天下”的桂林山水，可以傲睨一世，令人称羡；其实中国是无地不美，到处皆景，自城市以至乡村，一山一水，一丘一壑，只要稍加修饰和培植，都可以成流连难舍的胜景；这好像我们的母亲，她是一个天资玉质的美人，她的身体的每一部分，都有令人爱慕之美。中国海岸线之长而且弯曲，照现代艺术家说来，这象征我们母亲富有曲线之美吧。咳！母亲！美丽的母亲，可爱的母亲，只因你受着人家的压榨和剥削，弄成贫穷已极；不但不能买一件新的好看的衣服，把你自己装饰起来；甚至不能买块香皂将你全身洗擦洗擦，以致现出怪难看的一种憔悴褴褛和污秽不洁的形容来！啊！我们的母亲太可怜了，一个天生的丽人，现在却变成叫化的婆子！站在欧洲、美洲各位华贵的太太面前，固然是深愧不如，就是站在那日本小姑娘面前，也自惭形秽得很呢！

听着！朋友！母亲躲到一边去哭泣了，哭得伤心得很呀！她似乎在骂着："难道我四万万七千万的孩子，都是白生了吗？难道他们真像着了魔的狮子，一天到晚的睡着不醒吗？难道他们不知道自己伟大的团结力量，去与残害母亲、剥削母亲的敌人斗争吗？难道他们不想将母亲从敌人手里救出来，把母亲也装饰起来，成为世界上一个最出色、最美丽、最令人尊敬的母亲吗？"朋友，听到没有母亲哀痛的哭骂？是的，是的，母亲骂得对，十分对！我们不能怪母亲好哭，只怪得我们之中出了败类，自己压制自己，眼睁睁地望着我们这位挺慈祥美丽的母亲，受着许多无谓的屈辱，和残暴的蹂躏！这真是我们做孩子们的不是了，简直连一位母亲都爱护不住了！

【解题】

方志敏(1900—1935)，江西弋阳人，革命烈士。著有《可爱的中国》等。

青年与人生

李大钊

我今就现代青年活动的方向，稍有陈说，望我亲爱的青年垂听!

第一，现代的青年，应该在寂寞的方面活动，不要在热闹的方面活动。近来常听人说：“我们青年要耐得过这寂寞日子。”我想这“寂寞日子”，并不是苦境，实在是一种乐境。我觉得世间一切光明，都从寂寞中发现出来。譬如天时，一年有一个冬季，是一年的寂寞日子。在此时间，万木枯黄，气象凋落，死寂，冷静，都是他的特色。可是那一年中最华美的春天，不是就从这个寂寞的冬天发现出来的么？一天有一个暗夜，也是一天的寂寞日子。在此时间，万种的尘嚣嘈杂，都有个一时片刻的安息。可是一日中最光耀的曙色，不是从这寂寞的暗夜发见出来的么？热闹中所含的，都是消沉，都是散灭；黑暗寂寞中所含的，都是发生，都是创造，都是光明。这样讲来，这寂寞日子，实在是有滋味、有趣意的日子，不是忍苦受罪的日子，我们实在乐得过，不是耐得过。况且耐得过的日子，必不长久。一个人若对于一种日子总觉得是耐得过，他的心中，必是认这寂寞日子，是一种苦境，是一种烦恼，那就很容易把他抛弃，去寻快乐日子过。因为避苦求乐，是人性的自然，勉强矜持的心，是靠不住的。譬如孀妇不再嫁，若是本着他自由的意思，那便是他的乐境，那种寂寞日子，他必乐得过到底。若是全因为受传说偶像的拘束，风俗名教的迫胁，才不去嫁，那真是人间莫大的苦境，那种寂寞日子，他虽天天耐得过，天天总有耐不得跟着。乐得过的是一种趣味，耐得过的是一种矜持。青年呵！我们在寂寞的方面活动，不可带着丝毫勉强矜持的意思，必须知道那里有一种真趣味，一种真光明，甘心情愿乐得过这寂寞日子，才能有这寂寞日子中寻出真趣味，获得真光明的一日。

有不为斋解

林语堂

有客问有不为斋斋名用意何在，到底何者在所不为之列。这一问，倒给我发深省了。原来士人书斋取名都颇别致。一派是经师派，如“抱经”、“攀经”、“诂经”、“潜研”之类。一派是名士派，所名多有诗意，如“涵芬”，如“庸闲”，如“双梅影”，如“水流云在”，如“仰视千七百二十九鹤”

等。一派是纪事的，如“三希”，如“铁琴铜剑”等。又一派是言志的，如“知不足”，“有恒心”，“知未信”；这些都带有点道学气味，而“有不为”恐怕只好归入此派。亦有言志而只用一字表出的，非常古雅，如“藏园”、“忆园”、“曲园”、“寄园”等。这大概是已有园宅阶级，所以大可以洁身自好，与世无争了。虽然这名有时也靠不住，如租界上有村曰“耕读”，贫民窟有里曰“余庆”，野鸡巢有坊曰“贞德”，甚至大马路洋灰三楼上来一个什么“山房”，棋盘街来一个“扫叶”，本不是不可能的事。横竖不过起一个名而已，我们中国人想。

“有不为”是有点道学气，我已说过。看来似乎反康有为，而事实不然。因为世上名称愈相反的，气质愈相近。试将反康与拥康者相比，反康营中曾经拥康者十有其六，而拥康党里曾经反康者，亦十有其八。如贞德坊之野鸡，庆余里之贫民，原来不过也是说说叫得好听而已。所以如孟子所说，有所不为然后可以有为，正可证明物极必反的道理。但是一人总有他所不为的事。朋友这样一问，使我不得不自己检讨一下。当时既不留心，盘查起来，倒也很有意思。我恍惚似已觉得，也许我一生所做过许多的事，须求上帝宽宥，倒是所未做的事，反是我的美德。兹将所想到，拉杂记下如左：

我不曾穿西装革履到提倡国货大会演说，也不曾坐别克汽车，到运动会鼓励赛跑，并且也不曾看得起做这类事的人。

我极恶户外运动及不文雅的姿势，不曾骑墙，也不会翻筋斗，不论身体上、魂灵上，或政治上，我连观察风势都不会。

我不曾写过一篇当局嘉奖的文章，或是撰过一句士大夫看得起的名句，也不曾起草一张首末得体同事认为满意的宣言。

也不曾发，也不曾想发八面玲珑的谈话。

我有好的记忆力，所以不曾今天说月亮是圆的，过一星期说月亮是方的。

我不曾发誓抵抗到底背城借一的通电，也不曾作爱国之心不敢后人的宣言。我不曾驱车至大学作劝他人淬励奋勉作富贵不能淫，威武不能屈的训辞。

我不曾诱奸幼女，所以不曾视女学生为“危险品”，也不曾跟张宗昌维持风化，禁止女子游公园。

我不曾捐一分钱帮助航空救国，也不曾出一铜子交赈灾委员赈灾，虽然也常掏出几毛钱给须发斑白的老难民或是美丽可爱的小女丐。

我不曾崇孔卫道，征仁捐、义捐，抗×救国捐，公安善后捐，天良救国捐。我不曾白拿百姓一个钱。

我不好看政治学书，不曾念完三民主义，也不曾于静默三分时，完全办到叫思想听我指挥。

我不曾离婚，而取得学界领袖资格。

我喜欢革命，但永不喜欢革命家。

我不曾有面团团一副福相，欣欣自得，照镜子时面上未尝不红泛而有愧色。

我不曾吆喝佣人，叫他们认我是能赚钱的老爷。我家老妈不曾窃窃私语，赞叹她们老爷不知钱从那里来的。

我不曾容许仆役买东西时义形于色克扣油水，不曾让他们感觉给我买物取回扣，是将中华民国百姓的钱还给百姓。

我不曾自述丰功伟绩，送各报登载，或是叫秘书代我撰述送登。

也不曾订购自己的放大照相分发儿子，叫他们挂在厅堂纪念。

我不曾喜欢不喜欢我的人，向他们做笑脸。我不曾练习涵养虚伪。

我极恶小人，无论在任何机关，不曾同他们钩心斗角，表示我的手腕能干。我总是溜之大吉，因为我极恶他们的脸相。

我不曾平心静气冷静头脑地讨论国家，不曾做正人君子学士大夫道学的骗子。

我不曾拍朋友的肩膀，作慈善大家，被选为扶轮会员。我对于扶轮会同对于青年会态度一样。

我不曾禁女子烫头发，禁男子穿长衫，禁百姓赛龙舟，禁人家烧纸钱，不曾卫道崇孔，维持风化，提倡读经，封闭医院，整顿学风，射杀民众，捕舞女，捧戏子，唱京调，打麻将，禁杀生，供大王，挂花车，营生圹，筑洋楼，发宜言，娶副室，打通电，盗古墓，保国粹，卖古董，救国魂，偷古物，印佛经，禁迷信，捧班禅，贴标语，喊口号，主抵抗，举香槟，做证券，谈理学……

谈吃

夏丏尊

俗语说得好，只有“两脚的爷娘不吃，四脚的眠床不吃”。中国人吃的范围之广，真可使他国人为之吃惊。中国人于世界普通的食物之外，还吃着他国人所不吃的珍馐；吃西瓜的实，吃鲨鱼的鳍，吃燕子的窠，吃狗，吃乌龟，吃狸猫，吃癞虾蟆，吃癞头鼋，吃小老鼠。有的或竟至吃到小孩的胞衣以及直接从人身上取得的东西。如果能够，怕连天上的月亮也要挖下来尝尝哩。

至于吃的方法，更是五花八门，有烤，有炖，有蒸，有卤，有炸，有烩，有醉，有炙，有熘，有炒，有拌，真正一言难尽。古来尽有许多做菜的名厨司，其名字都和名卿相一样煊赫地留在青史上。不，他们之中有的并升到高位，老老实实就是名卿相。如果中国有一件事可以向世界自豪的，那么这并不是历史之久，土地之大，人口之众，军队之多，战争之频繁，乃是善吃的一事。中国的肴菜已征服了全世界了。有人说中国人有三把刀为世界所不及，第一把就是厨刀。

不见到喜庆人家挂着的福禄寿三星图吗？福禄寿是中国

民族生活上的理想。画上的排列是禄居中央，右是福，寿居左。禄也者，拆穿了说就是吃的东西。老子也曾说过："虚其心实其腹"，"圣人为腹不为目"。吃最要紧，其他可以不问。"嫖赌吃着"之中，普通人皆认吃最实惠。所谓"着威风，吃受用，赌对冲，嫖全空"，什么都假，只有吃在肚里是真的。

吃的重要更可于国人所用的言语上证之。在中国，吃字的意义特别复杂，什么都会带了"吃"字来说。被人欺负曰"吃亏"，打巴掌曰"吃耳光"，希求非分曰"想吃天鹅肉"，诉讼曰"吃官司"，中枪弹曰"吃卫生丸"，此外还有什么"吃生活"、"吃排头"，等等。相见的寒暄，他民族说"早安"、"午安"、"晚安"，而中国人则说："吃了早饭没有？""吃了中饭没有？""吃了夜饭没有？"对于职业，普通也用吃字来表示，营什么职业就叫做吃什么饭。"吃赌饭"，"吃堂子饭"，"吃洋行饭"，"吃教书饭"，诸如此类，不必说了。甚至对于应以信仰为本的宗教者，应以保卫国家为职志的军士，也都加吃字于上。在中国，教徒不称信者，叫做"吃天主教的"，"吃耶酥教的"，从军的不称军人，叫做"吃粮的"，最近还增加了什么"吃党饭"、"吃三民主义"的许多新名词。

衣食住行为生活四要素，人类原不能不吃。但吃字的意义如此复杂，吃的要求如此露骨，吃的方法如此麻烦，吃的范围如此广泛，好像除了吃以外就无别事也者，求之于全世界，这怕只有中国民族如此的了。

在中国，衣不妨污浊，居室不妨简陋，道路不妨泥泞，而独在吃上分毫不能马虎。衣食住行的四事之中，食的程度远高于其余一切，很不调和。中国民族的文化，可以说是口的文化。

佛家说六道轮回，把众生分为天、人、修罗、畜生、地狱、饿鬼六道。如果我们相信这话，那么中国民族是否都从饿鬼道投胎而来，真是一个疑问。

【解题】

夏丏尊（1886—1946），浙江上虞人。现代作家。著有《平屋随笔》、《人间爱晚晴》等。

给我的孩子们（节选）

丰子恺

你们一定想：终天无聊地伏在案上弄笔的爸爸，终天闷闷地坐在窗下弄引线的妈妈，是何等无气性的奇怪的动物！你们所视为奇怪动物的我与你们的母亲，有时确实难为了你们，摧残了你们，回想起来，真是不安心得很！

阿宝！有一晚你拿软软的新鞋子，和自己脚上脱下来的鞋子，给凳子的脚穿了，刬袜立在地上，得意地叫“阿宝两只脚，凳子四只脚”的时候，你母亲喊着“龌龊了袜子”！立刻擒你到藤榻上，动手毁坏你的创作。当你蹲在榻上注视你母亲动手毁坏的时候，你的小心里一定感到“母亲这种人，何等杀风景而野蛮”吧！

瞻瞻！有一天开明书店送了几册新出版的毛边的《音乐入门》来。我用小刀把书页一张一张地裁开来，你侧着头，站在桌边默默地看。后来我从学校回来，你已经在我的书架上拿了一本连史纸印的中国装的《楚辞》，把它裁破了十几页，得意地对我说：“爸爸！瞻瞻也会裁了！”瞻瞻！这在你原是何等成功的欢喜，何等得意的作品！却被我一个惊骇的“哼！”字喊得你哭了。那时候你也一定抱怨“爸爸何等不明”吧！

软软！你常常要弄我的长锋羊毫，我看见了总是无情地夺脱你。现在你一定轻视我，想道：“你终于要我画你的画集的封面！”

最不安心的，是有时我还要拉一个你们所最怕的陆露沙医生来，叫他用他的大手来摸你们的肚子，甚至用刀来在你们臂上割几下，还要叫妈妈和漫姑擒住了你们的手脚，捏住了你们的鼻子，把很苦的水灌到你们的嘴里去。这在你们一定认为太无人道的野蛮举动吧！

孩子们！你们真果抱怨我，我倒欢喜，到你们的抱怨变为感谢的时候，我的悲哀来了！

我在世间，永没有逢到像你们样出肺肝相示的人。世间的人群结合，永没有像你们样的彻底地真实而纯洁。最是我到上海去干了无聊的所谓“事”回来，或者去同不相干的人们做了叫做“上课”的一种把戏回来，你们在门口或车站旁等我的时候，我心中何等惭愧又欢喜！惭愧我为什么去做这等无聊的事，欢喜我又得暂时放怀一切地加入你们的真生活的团体。

打橘子

俞平伯

陶庵说："越中清馋无过余者，喜啖方物"，其中有一种是塘栖蜜橘（见梦忆卷四）。这种橘子我小时候常常吃，我的祖母她是塘栖人。橘以蜜名却不似蜜，也不因为甜如蜜一般我才喜欢它。或者在明朝，橘子确是甜得可以的，或者今日在塘栖吃"树头鲜"，也甜得不含糊的，但是我都不曾尝着过。我所记得，只是那个样子的：

橘子小到和孩子的拳头仿佛，恰好握在小手里，皮极薄，色明黄，形微扁，有的偶带小蒂和一两瓣的绿叶，瓤嫩筋细，水分极多，到嘴有一种柔和清新的味儿。所不满意的还是"不甜"，这或者由于我太喜欢吃甜的缘故罢。

小时候吃的蜜橘都是成篓成筐地装着，瞪眼伸嘴地白吃，比较这儿所说杭州的往事已不免有点异样，若再以今日追溯从前，真好比换过一世界了。

城头巷三号的主人朱老太爷，大概也是个喜欢吃橘子的，那边便种了七八棵十来棵的橘子树。其种类却非塘栖，乃所谓黄岩也。本来杭州市上所常见的正是“黄岩蜜橘”。但据K君说，城头巷三号的橘子一种是黄岩而其他则否，是一是二我不能省忆而辨之，还该质之朱老太爷乎？

从橘树分栽两处看来，K君的话不是全无根据的。其一在对着我们饭厅的方天井里。长方形的天井铺以石板，靠东墙橘树一行，东北两面露台绕之。树梢约齐台上的阑干，我们于此伸开臂膊正碰着它。这天井里，也曾经打棍子，踢小皮球，竹竿拔河，追黄猫……可惜自来嬉戏总不曾留下些些的痕迹，尽管在我心头每有难言的惘惘，尽管在他们几个人的心上许有若干程度相似的怀感。后之来者只看见方方正正的石板天井而已，更何尝有什么温软的梦痕也哉！

另一处在花园亭子的尽北犄角上，太湖山石边，似不如方天井的那么多，那边有一排，这儿只几株橘子而已。地方又较偏僻，不如那边的位居冲要易动垂涎，所以著名之程度略减。可是亭子边也不是稀见我们的脚迹的，曾在其间攻关、保唐僧、打水炮，还要扔白菜皮。据说晾着预备腌的菜，有一年特别好吃，尽是白菜心，所以然者何？乃其边皮都被我们当了兵器耳。

这两处的橘子诚未必都是黄岩，在今日姑以黄岩论，我只记得黄岩而已。说得老实点，何谓黄岩也有点记它不真了：只是小橘子而已。小橘子啊，小橘子啊，再是一个小橘子啊。

黄岩橘的皮麻麻扎扎的蛮结实，不像塘栖的那么光溜那么松软，吃在嘴里酸浸浸更加不像蜜糖了。同住的姑娘先生们都有点果子瓣，不论好歹只是吃。我却不然，虽橘子在诸果实中我最喜欢吃，也还是比他们不上，也还是不行。这也有点可气，倒不如干脆写我的“打橘子”，至于吃来啥味道，我不说！——活像我从来没吃过橘子似的。

当已凄清尚未寒冽的深秋，树头橘实渐渐黄了。这一半黄的橘子，便是在那边贴标语“快来吃”。我们拿着细竹竿去打橘子，仰着头在绿荫里希里霍六一阵，扑秃扑秃的已有两三个下来了。红的，黄的，红黄的，青的，一半青一半黄的，大的，小的，微圆的，甚扁的，带叶儿的，带把儿的，什么不带的，一跌就破的，跌而不破的，全都有，全都有，好的时候分来吃，不好的时候抢来吃，再不然夺来吃。抢，抢自地下，夺，夺自手中，故吃橘而夺，夺斯下矣。有时自己没去打，看见别人手里忽然有了橘子，走过去不问情由地说声：“我吃！”分他个半只，甚而至于几瓤也是好的，这是讨来吃。

【解题】

俞平伯（1900—1990），浙江德清人，作家、学者。著有诗集《冬夜》，散文集《燕知草》、《燕郊集》，学术论著《红楼梦辨》等。

落花生

许地山

我们屋后有半亩隙地。母亲说："让它荒芜着怪可惜，既然你们那么爱吃花生，就辟来做花生园罢。"我们几姊弟和几个小丫头都很喜欢——买种的买种，动土的动土，灌园的灌园；过不了几个月，居然收获了！

妈妈说："今晚我们可以做一个收获节，也请你们爹爹来尝尝我们底新花生，如何？"我们都答应了。母亲把花生做成好几样的食品，还吩咐这节期要在园里底茅亭举行。

那晚上底天色不大好，可是爹爹也到来，实在很难得！爹爹说："你们爱吃花生么？"

我们都争着答应："爱！"

"谁能把花生底好处说出来？"

姊姊说："花生底气味很美。"

哥哥说："花生可以制油。"

我说："无论何等人都可以用贱价买它来吃；都喜欢吃它。这就是它的好处。"

爹爹说："花生底用处固然很多；但有一样是很可贵的。

这小小的豆不像那好看的苹果、桃子、石榴，把它们底果实悬在枝上，鲜红嫩绿的颜色，令人一望而发生羡慕的心。它只把果子埋在地底，等到成熟，才容人把它挖出来。你们偶然看见一棵花生瑟缩地长在地上，不能立刻辨出它有没有果实，非得等到你接触它才能知道。”

我们都说：“是的。”母亲也点点头。爹爹接下去说：“所以你们要像花生，因为它是有用的，不是伟大、好看的东西。”我说：“那么，人要做有用的人，不要做伟大、体面的人了。”爹爹说：“这是我对于你们的希望。”

我们谈到夜阑才散，所有花生食品虽然没有了，然而父亲底话现在还印在我心版上。

【解题】

许地山（1893—1941），福建龙溪人，作家、学者。著有散文集《空山灵雨》、小说集《缀网劳蛛》、学术论著《中国道教史》等。

荼毗

金克木

火葬，佛教徒称为“荼毗”或“茶毗”。前两个字也一样，本是一个字。又叫“阇维”，字异音同。这些都是一个印度古字用汉字记音。意思大概是火化了，变成了一堆灰，或者说是吹熄了火。一阵风或是一口气吹过去，火灭了，熄了，这叫做“涅槃”，又是印度古字译音。这字是佛教徒创用的，汉语意译是“寂灭”。照宗教信仰说起来，可就是另一番境界，有点神秘说不明白了，但说来说去离不开“寂灭”，不过是成为专门术语特殊符号了。

可惜的是此时此刻我还没有“荼毗”，更不能说是“入涅槃”。还活着，所以还存在，还思考，这就免不了要受苦。不能不思，那就思一思这个“思”行不行？

三百多年前欧洲出了一个笛卡儿，追究过这个“思”，说是“理性”（这词本来是译音兼译意）。两百多年前欧洲又出了一个康德，更加追根究底盘问这个“思”，对“理性”大加分析批判。一百年以内还有人追问。欧洲又有个维特根斯坦干脆以为思维离不开语言和逻辑（这又是音义兼译的词），因此问这以外的问题是白费脑筋。对逻辑（也是数学）的认识不大容易，对语言的认识比较不那么难，个个人天天都在说话嘛。于是对语言的探索大有发展，把种种语言当做思维的种种符号。符号不仅运载信息，而且制约思维，还在接收者那里变化信息。这种想法正在有些人的思想中爆炸。抽象难懂的物理学化为原子弹，大家就知道它的利害了。对符号的种种看法会不会也这样？那就要看种种通信方式的变化和电脑、遥控及所谓机器人或人工智能的发展了。那些都是靠符号输入、输出信息才会有的新东西的胚胎。岂但机器人？活人也免不了在符号圈子里转。大庙放火，小庙烧香，拜神像，佩戴神符，重复不断念咒语，这不都是符号在作怪吗？这类行为都不用思考，出了笛卡儿和康德等思想家的圈子以外了。

人是创造符号的动物，早就开始了符号活动，不仅是会用语言符号。但认识到符号的神通广大是最近才开始的。人创造了它，又受它的愚弄支配。这个孙猴子是不能压在五行山下的。符号是人类的创造物，也是人类自己。我“茶毗”了，这才明白过来。

我的心是一面镜子（一）

季羡林

大概是1926年，我在正谊中学毕了业，考入设在北园白鹤庄的山东大学附设高中文科去念书。这里的教员可谓极一时之选。国文教员王崑玉先生，英文教员尤桐先生、刘先生和杨先生，数学教员王先生，史地教员祁蕴璞先生，伦理学教员鞠思敏先生(正谊中学校长)，伦理学教员完颜祥卿先生(一中校长)，还有教经书的“大清国”先生(因为诨名太响亮，真名忘记了)，另一位是前清翰林。两位先生教《书经》、《易经》、《诗经》，上课从不带课本，五经四书连注都能背诵如流。这些教员全是佼佼者。再加上学校环境有如仙境，荷塘四布，垂柳蔽天，是念书再好不过的地方。

我有意识地认真用功，是从这里开始的。我是一个很容易受环境支配的人。在小学和初中时，成绩不能算坏，总在班上前几名，但从来没有考过甲等第一。我毫不在意，照样钓鱼、摸虾。到了高中，国文作文无意中受到了王崑玉先生的表扬，英文是全班第一。其他课程考个高分并不难，只需稍稍一背，就能应付裕如。结果我生平第一次考了一个甲等第一，平均分数超过九十五分，是全校唯一的一个学生。当时山大校长兼山东教育厅长前清状元王寿彭，亲笔写了一副对联和一个扇面奖给我。这样被别人一指，我的虚荣心就被抬起来了。从此认真注意考试名次，再不掉以轻心。结果两年之内，四次期考，我考了四个甲等第一，威名大震。

在这一段时间内，外界并不安宁。军阀混乱，鸡犬不宁。直奉战争、直皖战争，时局瞬息万变，“你方唱罢我登场”。有一年山大祭孔，我们高中学生受命参加。我第一次见到当时的奉系山东土匪督军——不知道自己有多少兵、多少钱和多少姨太太的张宗昌，他穿着长袍、马褂，匍匐在地，行叩头大礼。此情此景，至今犹在眼前。

到了1928年，蒋介石假“革命”之名，打着孙中山先生的招牌，算是一股新力量，从广东北伐，有共产党的协助，以雷霆万钧之力，一路扫荡，宛如劲风卷残云，大军占领了济南。此时，日本军国主义分子想趁火打劫，出兵济南，酿成了有名的“济南惨案”。高中关了门。

在这一段时间内，我的心镜中照出来的影子是封建又兼维新的教育再加上军阀混战。

我的心是一面镜子（二）

季羡林

1929年，日军撤走，国民党重进。我在求学的道路上，从此开辟了一个新天地。

此时，北园高中关了门，新成立了一所山东省立济南高中，是全省唯一的一所高级中学。我没有考试，就入了学。

校内换了一批国民党的官员，“党”气颇浓，令人生厌。但是总的精神面貌却是焕然一新。最明显不过的是国文课。“大清国”没有了，经书不念了，文言作文改成了白话。国文教员大多是当时颇为著名的新文学家。我的第一个国文教员是胡也频烈士。他很少讲正课，每一堂都是宣传“现代文艺”，亦名“普罗文学”，也就是无产阶级文学。一些青年，其中也有我，大为兴奋，公然在宿舍门外摆上桌子，号召大家参加“现代文艺研究会”。还准备出刊物，我为此写了一篇文章，叫做《现代文艺的使命》，里面生吞活剥抄了一些从日文译过来的所谓马克思主义文艺理论的文句。译文像天书，估计我也看不懂，但是充满了革命义愤和口号的文章，却堂而皇之地写成了。文章还没有来得及刊出，国民党通缉胡先生，他慌忙逃往上海，一两年后就被国民党杀害。我的革命梦像肥皂泡似地破灭了，从此再也没有“革命”，一直到了解放。

接胡先生的是董秋芳(冬芬)先生。他算是鲁迅的小友，北京大学毕业，翻译了一本《争自由的波浪》，有鲁迅写的序。不知道怎样一来，我写的作文得到了他的垂青，他发现了我的写作“天才”，认为是全班、全校之冠。我有点飘飘然，是很自然的。到现在，在六十年漫长的过程中，不管我搞什么样的研究工作，写散文的笔从来没有放下过。写得好坏，姑且不论。对我自己来说，文章能抒发我的感情、表露我的喜悦、缓解我的愤怒、激励我的志向。这样的好处已经不算少了。我永远怀念我这位尊敬的老师！

在这一年里，我的心镜照出来的仿佛是我的新生。

经过了痛苦的思想矛盾，经过了细致的家庭协商，决定了向前迈步。好在原定期限只有两年，咬一咬牙就过来了。

我于是在1935年夏天离家，到北平和天津办理好出国手续，乘西伯利亚火车，经苏联，到了柏林。我自己的心情是：万里投荒第二人。

在这一段从大学到教书一直到出国的时期中，我的心镜中照见的是：蒋介石猖狂反共，日本军野蛮入侵，时局动荡不安，学生两极分化，这样一幅十分复杂矛盾的图像。

马前的桃花，远看异常鲜艳，近看则不见得。

我的心是一面镜子（三）

季羡林

德国人民怎么样呢？经过我十年的观察与感受，我觉得，德国人不愧是世界上最优秀的人民之一。文化昌明，科学技术处于世界前列，大文学家、大哲学家、大音乐家、大科学家，近代哪一个民族也比不上。而且为人正直、淳朴，各个都是老实巴交的样子。在政治上，他们却是比较单纯的，真心拥护希特勒者占绝大多数。令我大惑不解的是，希特勒极端诬蔑中国人，视为文明的破坏者。按理说，我在德国应当遇到很多麻烦。然而，实际上，我却一点麻烦也没有遇到。听说，在美国，中国人很难打入美国人社会。可我在德国，自始至终就在德国人社会之中，我就住在德国人家中，我的德国老师，我的德国同学，我的德国同事，我的德国朋友，从来待我如自己人，没有丝毫歧视。这一点让我终生难忘。

这样一个民族现在怎样看待垂败的战局呢？他们很少跟我谈论战争问题，对生活的极端艰苦，轰炸的极端野蛮，他们好像都无动于衷，他们有点茫然、漠然。一直到1945年春，美国军队攻入哥廷根，法西斯彻底完蛋了，德国人仍然无动于衷，大有逆来顺受的意味，又仿佛当头挨了一棒，在茫然、漠然之外，又有点昏昏然、懵懵然。

惊心动魄的世界大战，持续了六年，现在终于闭幕了。我在惊魂甫定之余，顿时想到了祖国、想到了家庭，我离开祖国已经十年了，我在内心深处感到了祖国对我这个海外游子的召唤。几经交涉，美国占领军当局答应用吉普车送我们到瑞士去。我辞别德国师友时，心里十分痛苦，特别是西克教授，我看到这位耄耋老人面色凄楚，双手发颤，我们都知道，这是最后一面了。我连头也不敢回，眼里流满了热泪。我的女房东对我放声大哭。她儿子在外地，丈夫已死，我这一走，房子里空空洞洞，只剩下她一个人。几年来她实际上是同我相依为命，而今以后，日子可怎样过呀！离开她时，我也是头也没有敢回，含泪登上美国吉普。我在心里套一首旧诗想成了一首诗：

留学德国已十霜，归心日夜忆旧邦，无端越境入瑞士，客树回望成故乡。

这十年在我的心镜上照出的是法西斯统治，极端残酷的世界大战，游子怀乡的残影。

艺术家之功夫

徐悲鸿

研究艺术，务须诚笃。吾辈之习绘画，即研究如何表现种种之物象。表现之工具，为形象与颜色。形象与颜色即为吾辈之语言，非将此二物之表现，做到功夫美满时，吾辈即失却语言作用似矣。故欲使吾辈善于语言，须于宇宙万象，有非常精确之研究，与明晰之观察，则“诚笃”尚矣。其次学问上有所谓力量者，即吾辈研究甚精确时之确切不移之焦点也。如颜色然，同一红也，其程度总有些微之差异，吾人必须观察精确，表现其恰当之程度，此即所谓“力量”，力量即是绝对的精确，为吾辈研究绘画之真精神。试观西洋各艺术品，如全盛时代之希腊作品，及米开朗琪罗、达·芬奇、提香等诸人之作品，无一不具精确之精神，以成伟大者。至如何涵养此种之力量，全恃吾人之功夫。研究绘画者之第一步功夫即为素描，素描是吾人基本之学问，亦为绘画表现惟一之法门。素描拙劣，则于一个物象，不能认识清楚，以言颜色更不知所措，故素描功夫欠缺者，其所描颜色，纵如何美丽，实是放滥，几与无颜色等。欧洲绘画界，自十九世纪以来，画派渐变。其各派在艺术上之价值，并无何优劣之点，此不过因欧洲绘画之发达，若干画家制作之手法稍有出入，详为分列耳。如马奈、塞尚、马蒂斯诸人，各因其表现手法不同，列入各派，犹中国古诗中之潇洒比李太白、雄厚比杜工部者也。吾辈研究各派，须研究各派功夫之所在（如印象派不专究小轮廓，而重色影与气韵，其功夫即在色彩上），否则便不能洞见其实际矣。其次有所谓“巧”字，是研究艺术者之大敌。因吾人研究之目标，要求真理，唯诚笃，可以下切实工夫，研究至绝对精确之地步，方能获伟大之成功。学“巧”便故步自封，不复有为，乌能至绝对精确，于是我人之个性亦不能造就十分强固矣。

二十岁至三十岁，为吾人凭全副精力观察种种物象之期，三十以后，精力不甚健全，斯时之创作全恃经验记忆及一时之感觉，故须在三十以前养成一种至熟至精确之力量，而后制作可以自由。法国名画家莫奈九十岁时之作品，手法一丝不苟，由是可想见其平日素描之根底。故吾人研究绘画，当在二三十岁时，刻苦用功，分析精密之物象，涵养素描功夫，将来方可成杰作也。

诸位，艺术家之功夫，即在于此。兄弟不信世界上有甚天才，是在吾辈切实研究耳。诸位目今方在二三十岁之际，正当下功夫之时期，还望善自努力也。

【解题】

徐悲鸿（1895—1953），江苏宜兴人，画家、美术教育家。曾创作《九方皋》、《愚公移山》等寓有进步思想的历史画。

书房的窗子（节选）

杨振声

这里不只是光度的问题，而且是光度影响了态度。强烈的光使我们一切看得清楚，却不必使我们想得明透；使我们有行动的愉悦，却不必使我们有沉思的因缘；使我们像春草一般的向外发展，却不能使我们像夜幕合拢一般的向内收敛。强光太使我们与外物接近了，留不得一分想象的距离。而一切文艺的创造，决不是一些外界事物的堆拢，而是事物经过个性的熔冶、范铸出来的作物。强烈的光与一切强有力的东西一样，它压迫我们的个性。

说到反光，当然便到了“窗子以外”了，我不敢想象窗外有什么明湖或青山的反光，那太奢望了。我只希望北窗外有一带古老的粉墙。你说古老的粉墙？一点不错。最低限度的要老到透点微黄的颜色；假如可能，古墙上生几片清翠的石斑。这墙不要去窗太近，太近则逼仄，使人心狭；也不要太远，太远便不成为窗子屏风；去窗一丈五尺左右便好。如此古墙上的光辉反射在窗下的桌上，润泽而淡白，不带一分逼人的霸气。这种清光绝不会侵凌你的幽静，也不会扰乱你的运思。它与清晨太阳未出以前的天光，及太阳初下，夕露未滋，湖面上的水光同是一样的清幽。

假如，你嫌这样的光太朴素了些，那你就在墙边种上一行疏竹。有风，你可以欣赏它婆娑的舞容；有月，窗上迷离的是潇潇的竹影；有雨，它给你平添一番清退；有雪，那素洁，那清劲，确是你清寂中的佳友。即使无月无风，无雨无雪，红日半墙，竹阴微动，掩映于你书桌上的清晖，泛出一片清翠，几纹波痕，那般的生动而空灵，你书桌上满写着清新的诗句，你坐在那儿。纵使不读书也“要得”。

【解题】

杨振声（1890—1956）字今甫，笔名希声，山东蓬莱人，教育家、作家。著有《玉君》、《杨振声选集》等。

神曲（节选）

［意大利］但丁

但丁迷途在一个黑暗的森林；遇见豹、狮、母狼；诗人维吉尔的灵魂来救护他。

当人生的中路，我迷途在一个黑暗的森林之中。要说明那个森林的荒、严肃和广漠，是多么的困难呀！我一想到它心里就一阵害怕：不下于死的光临。在叙述我遇着救护人之前，且先把触目惊心的景象说一番。

我怎样会走进那个森林之中，我自己也不清楚，只知道我在昏昏欲睡的当儿，我就失掉了正道。后来我走到森林的一边，害怕的念头还紧握着我的心，忽然到了一个小山的脚下，那小山的顶上已经披着了阳光，这是普照一切旅途的明灯。一夜的惊吓，真是可怜，这时可以略微安心了。从海里逃上岸来的，每每回头去一看那惊涛骇浪，所以我在惊魂初定之后，我也就回顾来路，才晓得来路险恶，不是生人所到的。

我休息了一会儿，就立起来赶我的路程，一步一步爬上荒凉的山坡。没有爬得多么高，前面忽然有一只敏捷的、五色斑斓的豹，正拦住我的去路，我几次想回头逃避它。那时天晓了，太阳正同着美丽的群星从东方升起；这样清快的早晨，这样温和的季候，使我有克服那眩眼的走兽之希望。

但是一波未平，一波又起，一只狮子又出现了，它似乎向着我冲过来，它的肚子饿极了，高抬它的头，呼呼的口气吓煞人。同时还有一只瘦瘦的母狼，它似乎是饥不择食的，而且已经有许多人受了它的灾害。它的一双眼睛盯着我，吓得我全身发抖，于是我只好放弃爬到山顶的企图。

我好比那渴望着金钱的人，忽然受到一个失败的打击，而沉迷于痛哭悲哀的情境，我受到那只母狼的压迫，它一步一步地接近我，使我不得不退往那黑暗无光的森林。当我后退的时候，我看见一个人，他似乎是静默了长久，因此不会说话一样。在此荒山旷野，居然来了救星，我就叫道：“请你快来救我，不问你是什么，一个影子也好，一个真人也好。”

他回答道：“我从前是人，现在不是人了。我的父母是伦巴第人，他们的国度是曼图阿。我生于恺撒王朝，但是迟了一点，后来住在罗马，受奥古斯都王的保护，那时还是异教流行。我是一个诗人，我歌吟真正的英雄，安奇塞斯的儿子，他从特洛亚城逃出来，因为那个雄壮的城已被希腊人烧掉了。但是你为什么这样惊慌失措？为什么不爬过这座明媚的山，这是一切幸福的源头？”

地狱之门；地狱之走廊，儒大受刑之地。惨淡的阿刻隆河；老船夫卡隆。

“从我这里走进苦恼之城，走进罪恶之渊，走进幽灵队里。正义感动了我的创世主：我是神权、神智、神爱的作品。除水存的东西之外，在我之前没有所造的物，我和天地同在：你们走进来，把创造的希望抛在脑后罢！”

我看见上段文字，黑沉沉地写在大门上；我说：“老师，这些文字的意思叫我很难懂。”他像是一个博学多才的人，对我说：“到了这个地方，一切的恐怖和畏惧都要放在脑后。我们已经到了我对你说起的地方：在这里我们将要看见一群苦恼的、不懂什么叫幸福的幽灵。”于是他拉了我的手，脸上露出微笑，使我心里得到安慰，他引导我走进幽冥之国。

在这里，叹息声、抱怨声、悲啼声，在没有星光的昏暗的空气里应和着。我一阵心酸，不觉掉下泪来。千奇百怪的语音，痛苦的叫喊，可怕的怒骂，高喊和暗泣，拍手和顿足，空气里面喧闹不已，永无静寂，又好似风卷沙尘，遮天蔽日。那时我毛骨悚然，问道："老师，我所听见的是什么？发出这样痛苦呼声的又是什么人类呢？"他答道："这些都是无有名声的懦夫，还混杂了一些卑微鄙陋的天使：他们是只知自利的骑墙派，他们对于上帝既不反叛，也不忠实；这一班幽灵既为天国所排斥，因为天国要保持他的纯洁，又不为地狱所收容，因为罪恶之徒尚有一点自夸之处呢。"我说："那末他们受了什么刑罚，使他们这样痛苦呢？"他答道："我可以极简单地对你说。他们既没有寂灭的希望，只是过着昏聩平庸的活，也没有改进的可能。世界上对于他们没有记载；正义和慈悲都轻视他们：我们也不必再谈论他们了，看看就走罢！"

瓦尔登湖（节选）

［美国］亨利·大卫·梭罗

在我做完一天的锄地工作后，有时我会去看望一下我那不耐烦的伙伴，他从清晨开始就在湖边钓鱼，安静地一动不动，宛如一只鸭子，一张漂浮的落叶，在思考他各式各样的哲学，在我来到之前，他大概已认为自己修炼成修道院中的权威老僧了。有一位老者，他是位好渔夫，尤其擅长各种木工，他很喜欢把我的房子当做是为渔民提供便利而建造的，这让我很高兴，他经常坐在我的屋门口摆弄钓丝。我们有时会一起泛舟湖上，他坐在船的这一端，我坐在船的那一端，我们并没有多少交流，因为近年来他双耳失聪，不过偶尔他也会哼哼一首圣诗，这与我的哲学非常和谐。我们精神的交流实在是非常和谐，回想起来我都感到一阵阵的美妙，而且比我们的谈话要有趣得多。我经常这样：当无人可谈时，我会用木桨叩击船舷，在四周的森林激起一圈圈扩展着的回声，就像动物园管理员吵醒了兽群那样，每个山林和翠谷最后都发出一阵阵咆哮怒吼之声。

在温和的黄昏中，我经常坐在船里吹起晚笛，看着鲈鱼围着我游泳，好像我的笛声婉转悠扬让它们痴迷，月光徜徉在湖面的粼粼波光之上，湖水倒映着森林的丛丛树影。很久以前，我和一个同伴一起，像探险一样无数次来到这个湖边，在夏夜的湖岸上生起一堆火，以吸引鱼群，然后在鱼钩上放虫子作为鱼饵，钓起一条又一条鳕鱼。这样一直到深夜，我们才把火棒高高地抛往空中，它们如流星烟火一般，从空中落入湖中发出嗞嗞的响声便杳无踪影了，于是我们又陷入无边的黑暗之中。我一边摸索，一边用口哨吹着歌，穿越黑暗，回到人类的群居处，但是如今我在湖岸上已经有了自己的房子。

我的信念（节选）

[法国]玛丽·居里

生活对于任何一个男女都非易事，我们必要有坚韧不拔的精神；最要紧的，还是我们自己要有信心。我们必须相信，我们对一件事情是有天赋的才能，并且，无论付出任何代价，都要把这件事情完成。当事情结束的时候，你要能够问心无愧地说："我已经尽我所能了。"

有一年的春天里，我因病被迫在家里休息数周，我注视着我的女儿们所养的蚕，结着茧子。这使我极感兴趣，望着这些蚕固执地、勤奋地工作着，我感到我和它们非常相似，像它们一样，我总是耐心地集中在一个目标。我之所以如此，或许是因为有某种力量在鞭策着我——正如蚕被鞭策着去结它的茧子一般。

在近五十年来，我致力于科学的研究，而研究基本上是对真理的探讨。我有许多美好快乐的回忆。少女时期我在巴黎大学孤独地过着求学的岁月；在那整个时期中，我丈夫和我专心致志地，像在梦幻之中一般，艰辛地在简陋的书房里研究，后来我们就在那儿发现了镭。我在生活中，永远是追求安静的工作和简单的家庭生活。为了实现这个理想，我一直竭力保持宁静的环境，以免受人事的侵扰和盛名的喧嚣。

我一直沉醉于世界的优美之中，我所热爱的科学，也不断展示给我更新的远景。

我认定科学本身就具有伟大的美。一位从事研究工作的科学家，不仅是一个技术人员，也是一个小孩，他好像沉醉于神话故事中那样，沉醉在大自然的景色当中。这种魅力，就是使我终生能够在实验室里埋头工作的主要原因了。

假如给我三天光明（节选）

［美国］海伦·凯勒

书籍不但给予了我智慧与快乐，而且给予了我知识，这些知识对别的人来说可以靠视听获得，而我只有依赖书。事实上在我所受的教育中，书籍发挥了极大的作用，这是其他人所不可比拟的。

1887年5月，我第一次阅读了一篇完整的短篇小说，那时我才七岁，从那时到现在，我如饥似渴地吞食我的手指所接触到的一切书籍。正像前面所说的，我早年接受教育时并没有进行正规的学习，读书同样也很没有章法。起初我只有几本凸印书、一套启蒙读本、一套儿童故事和一本叙述地球的书——《我们的世界》，我的全部书库仅此而已。我读了一遍又一遍，直到上面的字磨损得无法辨认。有时候，莎莉文小姐读给我“听”，把她认为我能懂得的故事和诗歌写在我手上。但我宁愿自己读，而不愿人家读给我“听”，因为我喜欢一遍又一遍地读我觉得有趣的作品。

在第一次去波士顿时，我才真正开始认真地读书，那时，我被允许每天花上一段时间到学校图书馆读书。我在书架间自由地走动，选择自己喜爱的书籍。不管书中的文字我能认识多少，即便十个只有一个或者一页中才有两个文字认识，我仍然执著于读书。文字本身使我入了迷，但我没有有意识地把读过的东西都记到心里。然而在那段时期我的记忆力很好，许多字句虽然我一点儿也不明白其含义，但都记在了脑子里。后来当我开始了说和写的时候，这些字句很自然地冒了出来，朋友们都很惊奇我的词汇竟如此丰富。我其实是不求甚解地读过很多书的片段（那段时期我从未从头到尾读完过一本书）以及大量的诗歌，直到发现《方德诺小伯爵》这本书，我才算第一次把一本有价值的书读懂、读完。

宽容（节选）

[美国]房龙

先知老人本想宽大为怀。他们从未忘记那个人母亲的那双奇异闪亮的双眸，也回想起三十年前他父亲在沙漠里失踪的悲剧。可是，律法毕竟是律法，不能不遵守。先知老人是它的执行者。

他们把漫游者抬到集市区，大家毕恭毕敬地站在周围，鸦雀无声。由于饥渴，漫游者身体还很衰弱，老者让他坐下。他拒绝了。他们让他闭嘴。可他偏要说话。他转身背向老者，搜寻不久之前还同他志同道合的人。

“听我说，”他恳求地说道，“听我说，都高兴起来吧！我才从山的那边过来，我的脚踏上了新奇的土地，我的手感觉到了别的民族的抚摸，我的双目看到了美妙的景观。而小的时候，我的世界仅仅是父亲的花园。山的那边有牧场，牧草一样肥沃，男男女女有相同的血肉，城市因一千年的细心雕琢而熠熠生辉。我已找到一条通往更美好的家园的道路，我看到了更为幸福的生活的曙光。跟我走吧，我引领你们奔向那儿。上帝的微笑不单单在这儿，也在别的地方。”

他停了下来，人群里发出恐怖的叫声。

“亵渎，这是对上帝的亵渎。”老人们大声喊道，“给他的罪行该有的惩罚吧！他已失去理智，居然嘲弄一千年前便定下来的律法。他罪该万死！”

人们举起了沉甸甸的石头。这个漫游者被人们杀死了。他的尸体被大家扔到山崖脚下，用来警告胆敢怀疑祖先智慧的人，杀一儆百。

过了不多久，一场特大干旱爆发了。潺潺的知识小溪干涸了，牲畜也干渴得死掉了，庄稼也因天干而在田野里枯萎，无知山谷里饥声一片。可是，先知老人们并未因此而灰心。他们预言，所有的一切都会转危为安的，那些圣书里最神圣的篇章是这样写的。何况，他们已很老了，只需一点点食物就可以了。

冬天到了。村庄里人烟稀少，显得十分空荡。半数以上的人因为饥寒交迫已离开人世。山脉那边是活着的人唯一的希望。

可是律法说，“不可以！”

某天夜里叛乱爆发了。绝望赋予那些因恐惧而逆来顺受的人们以勇气。老人们被推到一边，他们抱怨自己的命运不公，咒骂孩子们的忘恩负义。然而，当最后一辆马车驶出村庄的时候，他们把车夫拦住了，强迫他带走他们。如此，一场投靠未知世界的旅程开始了。

离那个漫游者回来的时间很多年了，因此要找到他开辟的道路不是很容易。数以万计的人死了，踏着他们的尸骨，人们才找到第一座用石块堆砌而成的路标。以后，旅程中不再有那么多的磨难了。那位细心的先驱者已经在丛林与无际的荒野乱石中标记出了一条宽阔大道。它一步一步把大家引领到新家园的绿色牧场。大家相对无言。

“到底他是对了，”大家说，“他是对的，先知老人错了。”

【解题】

亨德里克·威廉·房龙，荷兰裔美国作家、历史学家，代表作有《人类的故事》、《宽容》等。《宽容》是一部描写人类思想发展史、畅销近百年的通俗历史读本。

美德书（节选）

［美国］威廉·贝内特

感恩的心

寻求快乐的一个很好的途径是不要期望他人的感恩，付出是一种享受施予的快乐。

——卡耐基

在一个闹饥荒的城市里，一个殷实而且心地善良家庭的面包师把城里最穷的几十个孩子聚集到一块，然后拿出一个盛有面包的篮子，对他们说："这个篮子里的面包你们一人一个。在上帝带来好光景以前，你们每天都可以来拿一个面包。"

瞬间，这些饥饿的孩子仿佛一窝蜂一样拥了上来，他们围着篮子推来挤去大声叫嚷着，谁都想拿到最大的面包。当他们每人都拿到了面包后，竟然没有一个人向这位好心的面包师说声"谢谢"就走了。

但是有一个叫艾丽斯的小女孩却例外，她既没有同大家一起吵闹，也没有与其他人争抢。她只是谦让地站在一步以外，等别的孩子都拿到以后，才把剩在篮子里最小的一个面包拿起来。她并没有急于离去，她向面包师表示了感谢，并亲吻了面包师的手之后才回家。

第二天，面包师又把面包的篮子放到了孩子们的面前，其他孩子依旧如昨日一样疯抢着，羞怯、可怜的艾丽斯只得到一个比前一天还小的面包。当她回家以后，妈妈切开面包，许多崭新、发亮的银币掉了出来。

妈妈惊奇地叫道："立即把钱送回去，一定是揉面的时候不小心揉进去的，赶快去，艾丽斯，赶快去！"当艾丽斯把妈妈的话告诉面包师的时候，面包师面露慈爱地说："不，我的孩子，这没有错，是我把银币放进小面包里的，我要奖励你。愿你永远保持现在这样一颗平安、感恩的心。回家去吧，告诉你妈妈这些钱是你的了。"她激动地跑回了家，告诉了妈妈这个令人兴奋的消息，这是她的感恩之心得到的回报。

一个心中不知感恩的人，是永远不会满足的人，也是一个不懂得珍惜现在所拥有的人。怨天尤人是他们的习惯，嫉妒是他们内心的火焰，在这样的人心中，别人的成果与成功都是靠运气得来的。他们整天被怨恨的情绪所啃噬，搞得自己痛苦不堪。

而对生活怀有一颗感恩之心的人，即使遇到再大的灾难也能熬过去，因为他们懂得珍惜。那些常常抱怨生活，总爱发泄怨气的人，就算在人人羡慕的地方工作，在舒适的豪宅里居住，他们也不会感觉到幸福。

一个心怀感恩的人心中充满了美好，他会感激一切让他快乐的人和事。

贝多芬的遗嘱（节选）

[德国]路德维希·凡·贝多芬

给我的弟弟卡尔和约翰·贝多芬：

噢，你们这群人啊，怎么能把我当做、或让我被人看做是一个满腹怨恨、疯癫、愤世嫉俗的人呢？你们对我太不公平了！你们根本不清楚隐藏在外表下的原因！自童年时起，我的心灵和精神便趋向于温柔、仁慈的情感，并一直准备着去做一些伟大的事业。但是，你们想想看，六年来，我的身体情况是何等的糟糕，还被一些冒牌庸医误诊，一年又一年被他们欺骗，还幻想着有一天会好转，最终换来的却是一种“永久的病症”，即使有一丝希望能够康复，那也要等上许多年。我虽然生来具有一种热烈而积极的性格，甚至能适应社会上的各种消遣，但我却较早地被人类驱除，成为形单影只的可怜人。有时我真想克服这一切，啊！但每次我都无可奈何地被残疾，被这个不断翻新的悲惨经验所阻止！然而我又无法跟别人说：“请讲大声点，大声喊，因为我是个聋子！”啊！你叫我怎么开口告诉别人我的一种感官出了毛病呢，这种感官对于我来说，要比别人的更加完美、更加优秀。而它从前是最完美的，在我从事音乐这一行中，很少有人能像我的这个感官那么完美！——噢！我说不出口啊！——因此，如果当我本想与你们做伴而你们又看到我孤僻自处的话，请你们多加谅解。我的不幸让我痛苦不堪，我常因为它而被人们误解。在交往中，在微妙的谈话时，在大家彼此倾诉彼此安慰时，我却无法得到一丝慰藉。孤单，完全的孤单。我越是迫切需要在交际场合露面，越是不能冒险。我只得像一个被放逐者似的生活。如果我走近一个交际场合，我立即有一种揪心的忧虑，生怕被人发现我有残疾。

由此，我在乡下住了半年。我那高明的医生劝我要保护好听觉，这当然也是我的心愿。然而，很多次我都渴望与人接触，并禁不住要过去。但是，当我旁边的一位听见远处有笛声而我什么都听不见时，或者他听见牧童在歌唱，而我却什么也没听到时，那是何等的屈辱啊！这样的一些经历使我彻底陷入绝望之中：我差一点就要了结自己的生命了。——是艺术，挽救了我。啊！我感到，在完成被赋予的全部使命之前，我是不能离开这个世界的。就这样，我苟且偷生——那真是一种悲惨的生活——这副身躯是那么的虚弱，哪怕有一丝变化都能使我从最佳状态转入最糟糕的境地！“要忍耐！”——别人都这样说，现在，我也只能把它当做向导。我有耐心了。——愿我勇于抗御的决心能够保持得长久，直到无情的死神来掐断我的生命线的时候。这样也许是好的，或许并不好：但我已经做好了准备。——二十八岁，我不得不看破一切，这不是容易的事。对于一个艺术家来说，这一点比其他人更加艰难。

神明啊，你能从苍穹渗入我的内心深处，你了解它，你知道它抱有对人类的爱和行善的愿望！啊，人啊，如果有一天你们看到这句话，想一想，曾经你们是怎么不公平地对待我；希望不幸之人看到一个像他这样的落难者时，能聊以自慰，不顾自然的种种障碍，竭尽自己之所能，以跻身艺术家和精英们的行列。

我的兄弟，在我去世之后，如果施密特教授尚在人世，你们就以我的名义请求他将我的病情详细地描述出来，再加上这封信，我想，在我死后人们会尽可能地与我言归于好。——当然，我承认你们是我那微薄的财产（如果可以这么称谓的话）的继承人。希望你们能公平分配，以后要相亲相爱，同舟共济。对于你们带给我的伤害，你们心里清楚我早就不追究了。卡尔兄弟，我要特别感谢你，在最后这段时间里对我的关怀体贴。我祝愿你们能生活得更加幸福，远离忧愁，不要像我这样被烦恼围绕。一定要教导你们的孩子讲道德：因为只有道德才能使人幸福，而非金钱。这是我的经验之谈——道德使我在穷困潦倒时坚持着，支撑着我，多亏了它；另外还有艺术，我才没有以自杀来结束我的生命——永别了，你们相亲相爱吧！——我感谢所有的朋友，尤其是李希诺夫斯基亲王和施密特教授。我希望李希诺夫斯基亲王的乐器能够保存在你们之间任何一个人手中，但你们千万不要因此而发生争执。如果它们对你们有什么益处的话，可以把它们卖掉。如果躺在墓穴中的我还能帮你们一把，我将多么的高兴啊！

若真能如此，我将快快活活地迎接死亡。——如果死神在我有机会一展艺术天赋之前来临，那么，尽管我命运多舛，我还是希望它能迟些到来。——但即使如此，我也很高兴。难道不是它把我从一种无尽的痛苦中解脱出来的吗？死亡可以随时到来，我表示欢迎，而且是勇敢快乐地欢迎。——永别了，别把我完全遗忘在坟墓之中；我还是值得你们缅怀的，因为我在世时经常思念你们，想让你们幸福。但愿你们幸福！

路德维希·凡·贝多芬

1802年10月6日 写于海林根施

诗辞卷

经典诵读

一个人不欢喜诗，何以文学趣味就低下呢？因为一切纯文学都要有诗的特质。诗比别类文学较谨严，较纯粹，较精致。如果对于诗没有兴趣，对于小说戏剧散文等的佳妙处也终不免有些隔膜。

——朱光潜 著名美学家，曾任北京大学教授

北大經典課

关雎[1]

关关雎鸠，在河之洲。窈窕[2]淑女，君子好逑[3]。

参差荇菜[4]，左右流[5]之。窈窕淑女，寤寐[6]求之。

求之不得，寤寐思服[7]。悠[8]哉悠哉，辗转反侧。

参差荇菜，左右采之。窈窕淑女，琴瑟友之。

参差荇菜，左右芼[9]之。窈窕淑女，钟鼓乐之。

【注释】

[1]关雎：指雎鸠的叫声。雎鸠是一种水鸟，又名“王雎”，常常与配偶结伴同游。

[2]窈窕：据古书记载，美心为窈，美状为窕，这里指女子娴静美好。

[3]好逑：理想的配偶。逑指配偶。

[4]参差荇菜：参差，长短不齐。荇菜，一种可以食用的多年生水草。

[5]流：指顺着水流采摘荇菜。

[6]寤寐（wù mèi）：醒来和睡着。

[7]服：思念。

[8]悠：形容忧思的样子。

[9]芼（mào）：选择、采摘。

击鼓[1]

击鼓其镗[2]，踊跃用兵[3]。土国[4]城漕[5]，我独南行。

从孙子仲[6]，平[7]陈与宋[8]。不我以归，忧心有忡。

爰[9]居爰处？爰丧其马？于以求之？于林之下。

死生契阔[10]，与子成说[11]。执子之手，与子偕老。

于嗟[12]阔兮，不我活兮。于嗟洵[13]兮，不我信兮。

【注释】

[1]击鼓：这首诗描写了长年行役于外的士兵思念家乡和妻子的心情。

[2]镗（tāng）：鼓声。

[3]兵：刀枪之类的武器。

[4]土国：在国内修筑土城。

[5]漕：漕城。

[6]孙子仲：卫国将军。

[7]平：调停。

[8]陈与宋：陈、宋，两国国名。

[9]爰（yuán）：何处。

[10]契阔：聚散。契即合，阔即离。

[11]成说：发过誓。

[12]于嗟（xū jiē）：哎哟。

[13]洵（xún）：远。

黍离[1]

彼黍离离[2]，彼稷[3]之苗。行迈靡[4]靡[5]，中心[6]摇摇。
知我者，谓我心忧；不知我者，谓我何求。
悠悠苍天！此何人哉？彼黍离离，彼稷之穗。
行迈靡靡，中心如醉。
知我者，谓我心忧；不知我者，谓我何求。
悠悠苍天！此何人哉？彼黍离离，彼稷之实。
行迈靡靡，中心如噎。
知我者，谓我心忧；不知我者，谓我何求。
悠悠苍天！此何人哉？

【注释】

[1]黍离：黍离之悲用以指代亡国之痛。黍即糜子，子实去皮后称黄米，有黏性，可酿酒、做糕等。

[2]离离：庄稼一行行齐整排列的样子。

[3]稷：谷子，也说高粱。

[4]行迈：行，道路。迈，行走。

[5]靡靡：缓慢的样子。

[6]中心：心神。

风雨[1]

风雨凄凄[2]，鸡鸣喈喈[3]。既见君子[4]，云胡不夷[5]？

风雨潇潇[6]，鸡鸣胶胶[7]。既见君子，云胡不瘳[8]？

风雨如晦[9]，鸡鸣不已。既见君子，云胡不喜？

【注释】

[1]风雨：这首诗描写了风雨交加时，妇人忽然见到心上人时的惊喜。

[2]凄凄：寒冷的样子。

[3]喈喈（jiē）：鸡互相应和的叫声。

[4]君子：丈夫。

[5]云胡不夷：云，语助词。胡，怎么。夷，心情平静。

[6]潇潇：猛烈而急促的样子。

[7]胶胶：鸡叫声。

[8]瘳（chōu）：病愈。

[9]晦：夜晚。这里指风雨交加，天色昏暗。

子衿[1]

青青子衿，悠悠[2]我心。纵我不往，子宁不嗣[3]音？
青青子佩[4]，悠悠我思。纵我不往，子宁不来？
挑兮达兮[5]，在城阙[6]兮。一日不见，如三月兮。

【注释】

[1]子衿（jīn）：你的衣领。这首诗描写了一位女子在城楼上等待恋人的心情。

[2]悠悠：忧思不断。

[3]嗣（yí）：通“贻”，给、寄、传递。

[4]佩：佩玉。

[5]挑兮达（tà）兮：来来回回地张望。

[6]城阙：城楼。

鹿鸣[1]

呦呦鹿鸣，食野之苹。我有嘉宾，鼓瑟吹笙[2]。

吹笙鼓簧，承筐是将[3]。人之好[4]我，示我周行[5]。

呦呦鹿鸣，食野之蒿。我有嘉宾，德音孔昭[6]。

视民不恌[7]，君子是则是效[8]。我有旨酒[9]，嘉宾式燕以敖[10]。

呦呦鹿鸣，食野之芩。我有嘉宾，鼓瑟鼓琴。

鼓瑟鼓琴，和乐且湛[11]。我有旨酒，以燕乐嘉宾之心。

【注释】

[1]鹿鸣：古人在宴会上唱的歌曲。

[2]鼓瑟吹笙：指演奏音乐。瑟和笙都是乐器名。

[3]承筐是将：古时用筐盛礼品送给宾客。承，捧着。将，献上。

[4]好：关爱。

[5]周行：大路，可引申为大道理。

[6]德音孔昭：德音，好声誉。孔，十分。昭，昭著。

[7]视民不恌（tiāo）：视，昭示。恌，轻浮。

[8]是则是效：则，以……为法则。效，模仿。

[9]旨酒：美酒。

[10]式燕以敖：式，语气助词。燕，同“宴”。敖，同“遨”，游玩。

[11]湛（dān）：快活。

采薇[1]

采薇采薇，薇亦作止[2]。曰归曰归，岁亦莫[3]止。
靡[4]室靡家，猃狁[5]之故。不遑启[6]居，猃狁之故。
采薇采薇，薇亦柔止。曰归曰归，心亦忧止。
忧心烈烈[7]，载饥载渴。我戍未定，靡使归聘[8]。
采薇采薇，薇亦刚[9]止。曰归曰归，岁亦阳[10]止。
王事靡盬[11]，不遑启处。忧心孔疚[12]，我行不来。
彼尔[13]维何？维常[14]之华。彼路[15]斯何？君子[16]之车。
戎车[17]既驾，四牡业业[18]。岂敢定居，一月三捷。
驾彼四牡，四牡骙骙[19]。君子所依，小人所腓[20]。
四牡翼翼[21]，象弭鱼服[22]。岂不日戒[23]，猃狁孔棘[24]！
昔我往矣，杨柳依依。今我来思，雨雪霏霏[25]。
行道迟迟，载渴载饥。我心伤悲，莫知我哀！

【注释】

[1]采薇：薇，豆科植物，野豌豆苗，俗称大巢菜，可食用。这首诗描写了一位守卫边疆的战士在返乡途中的所思所想。

[2]作止：作，冒出地面。止，句尾语气助词。

[3]莫：即岁暮，指一年将尽之时。莫是“暮”的本字。

[4]靡：没有。

[5]猃狁（xiǎn yǔn）：活跃在中国北方的少数民族，春秋时称为狄，战国、秦汉时称为匈奴。

[6]遑启：遑，闲暇。启，跪坐。

[7]烈烈：火势很大的样子，这里指心急如焚。

[8]聘：探问、探望。

[9]刚：薇菜由嫩变粗硬。

[10]阳：阴历十月。

[11]盬（gǔ）：休止。

[12]孔疚：非常痛苦。

[13]尔：鲜花盛开的样子。

[14]常：棠棣。

[15]路：同“辂”，指高大的马车。

[16]君子：这里指军队的统帅。

[17]戎车：兵车。

[18]四牡业业：这里指驾车的四匹公马高大威猛。

[19]骙骙（kuí）：马匹强壮的样子。

[20]小人所腓（fěi）：小人，这里指士兵。腓，隐蔽。

[21]翼翼：军容整齐的样子。

[22]象弭鱼服：象牙装饰的弓和鱼皮制成的箭袋。

[23]日戒：指每日警备。

[24]棘：同“急”。

[25]霏霏：雪花纷飞的样子。

橘颂

战国·屈原[1]

后皇[2]嘉树，橘徕[3]服兮。受命[4]不迁，生南国兮。
深固难徙，更壹志[5]兮。绿叶素荣[6]，纷其可喜兮。
曾枝剡棘[7]，圆果抟[8]兮。青黄杂糅，文章烂[9]兮。
精色[10]内白，类任道兮[11]。纷缊宜修[12]，姱[13]而不丑兮。
嗟尔幼志，有以异兮。独立不迁，岂不可喜兮！
深固难徙，廓[14]其无求兮。苏世独立[15]，横而不流[16]兮。
闭心自慎，终不失过兮。秉[17]德无私，参[18]天地兮。
愿岁并谢[19]，与长友兮。淑离[20]不淫，梗[21]其有理兮。
年岁虽少，可师长[22]兮。行比伯夷[23]，置以为像[24]兮。

【注释】

[1]屈原：（约公元前340—约前278），名平，字原，战国时期楚国丹阳（今湖北秭归）人，出身于楚国王族，楚武王熊通之子屈瑕的后代，著名政治家、诗人。

[2]后皇：代指天地。

[3]徕服：徕，通“来”。服，习惯。指橘树适合在楚地生长。

[4]命：这里指橘树的禀性。

[5]壹志：专一的意志。

[6]素荣：白色的花。

[7]曾枝剡（yǎn）棘：曾枝，繁茂的枝条。剡棘，尖利的刺。

[8]抟（tuán）：通“团”，圆圆的；一说同圜（huán），环绕，楚地的方言。

[9]文章烂：色彩灿烂。文章，纹理色彩，这里指橘子的皮色。烂，灿烂的样子。

[10]精色：鲜亮的颜色。

[11]类任道兮：如同担负重任的君子。类，好像。任，承担。

[12]纷缊（yūn）宜修：长得繁茂，修饰得体，恰到好处。

[13]姱（kuā）：美好。

[14]廓：心胸开阔。

[15]苏世独立：清醒地独立于世。苏，苏醒，指对浊世有所觉悟。

[16]横而不流：横，充盈。不流，不随波逐流。

[17]秉：坚持。

[18]参：合。

[19]愿岁并谢：这里指岁月逝去。岁，年岁。谢，离去。

[20]淑离：善良美丽。淑，善良。离，通“丽”。

[21]梗：正直。

[22]可师长：当橘树为楷模。师，以……为楷模。

[23]伯夷：商末孤竹君之长子，因反对周武王灭商，耻食周粟，饿死在首阳山上。

[24]像：榜样。

渔父[1]

战国·屈原

屈原既放[2]，游于江潭，行吟泽畔，颜色憔悴，形容枯槁[3]。渔父见而问之曰："子非三闾大夫[4]与[5]？何故至于斯？"屈原曰："举世皆浊我独清，众人皆醉我独醒，是以见放[6]。"渔父曰："圣人不凝滞于物，而能与世推移。世人皆浊，何不淈[7]其泥而扬其波？众人皆醉，何不餔其糟而歠其醨[8]？何故深思高举[9]，自令放为？"屈原曰："吾闻之，新沐[10]者必弹冠，新浴[11]者必振衣。安能以身之察察[12]，受物之汶汶[13]者乎！宁赴湘流，葬于江鱼之腹中。安能以皓皓之白，而蒙世俗之尘埃乎！"渔父莞尔[14]而笑，鼓枻[15]而去，乃歌曰："沧浪[16]之水清兮，可以濯[17]吾缨[18]；沧浪之水浊兮，可以濯吾足。"遂去，不复与言。

【注释】

[1]渔父（fǔ）：父通"甫"，古时对老年男子的尊称。

[2]放：放逐。

[3]枯槁（gǎo）：憔悴、枯瘦。

[4]三闾（lǘ）大夫：掌管楚国屈、景、昭三姓王族谱牒等事务的官，屈原曾任此职。

[5]与：通“欤”，表示疑问或反问的语气词。

[6]是以见放：是以，因此。见，被。

[7]淈（gǔ）：搅浑。

[8]哺（bǔ）其糟而歠（chuò）其醨：铺，吃。糟，酒糟。歠，饮。醨，薄酒。

[9]高举：清高的举止。

[10]沐：洗头。

[11]浴：洗澡。

[12]察察：洁白的样子。

[13]汶（mén）汶：玷污。

[14]莞尔：微笑的样子。

[15]鼓枻（yì）：划动着船桨。

[16]沧浪：水名，汉水的支流，在今湖北省境内。

[17]濯（zhuó）：洗。

[18]缨：系冠的带子，以二组系于冠，结在颔下。

接舆歌[1]

凤兮凤兮，何如德之衰也？来世不可待，往世不可追也。天下有道，圣人成焉。天下无道，圣人生[2]焉。方今之时，仅免刑焉。福轻乎羽，莫之知载[3]。祸重乎地，莫之知避。已[4]乎已乎，临[5]人以德。殆[6]乎殆乎，画地而趋[7]。迷阳[8]迷阳，无伤吾行。吾行郤曲[9]，无伤吾足。

【注释】

[1]接舆歌：相传为楚国狂人接舆为劝说孔子不要热衷政治而作。

[2]生：支撑。

[3]载：承载。

[4]已：算了、罢了。

[5]临：靠近。

[6]殆：危险。

[7]画地而趋：画定某处，让人们在此范围内进退。这里比喻苦于被礼法拘束。

[8]迷阳：荆棘。

[9]郤（xì）曲：指道路曲折。

白头吟[1]

皑如山上雪，皎若云间月[2]。闻君有两意，故来相决绝。

今日斗[3]酒会，明旦沟水头。躞蹀[4]御沟[5]上，沟水东西流。

凄凄复凄凄，嫁娶不须啼。愿得一心人，白头不相离。

竹竿何袅袅[6]，鱼尾何簁簁[7]。男儿重意气，何用钱刀[8]为！

【注释】

[1]白头吟：乐府旧题，《相和歌·楚调曲》。

[2]皑如山上雪，皎若云间月：皑，白色，通常用以形容雪的洁白。皎，皎洁，通常用以形容月光的洁白。

[3]斗：盛酒的容器。

[4]躞蹀（xiè dié）：小步行走。

[5]御沟：流经御苑或环绕宫墙的河道。

[6]袅袅：动摇的样子。

[7]簁簁（shāi）：跳跃的样子。钓鱼是男女求偶的隐语，这里比喻男女相爱的幸福。

[8]钱刀：刀形钱币。

有所思[1]

有所思，乃在大海南。何用问遗[2]君？双珠玳瑁簪，用玉绍缭[3]之。闻君有他心，拉杂[4]摧烧之。摧烧之，当风扬其灰。从今以往，勿复相思。相思与君绝！鸡鸣狗吠，[5]兄嫂当知之。妃呼豨，[6]秋风肃肃晨风飔，[7]东方须臾高知之。[8]

【注释】

[1]有所思：指思念的那个人。这首诗描写了一位女子遭受爱情波折前后的复杂心绪。

[2]问遗（wèi）：“问”、“遗”二字同义，赠。

[3]缭：缠绕。

[4]拉杂：拉，折断；杂，碎。

[5]鸡鸣狗吠：古诗中常以“鸡鸣狗吠”借指男女幽会。

[6]妃呼豨（xī）：语助词。

[7]秋风肃肃晨风飔：肃肃，形容风声疾速。飔（sī），凉。

[8]东方须臾高知之：须臾，一会儿。高同“皜”（hào）、“皓”，明亮洁白之意。

上邪[1]

上邪！我欲与君相知，长命无绝衰。山无陵[2]，江水为竭，冬雷震震，夏雨雪，天地合，乃敢与君绝。

【注释】

[1]上邪（yé）：天哪。

[2]陵：峰棱。

长歌行

青青园中葵，朝露待日晞[1]。
阳春布[2]德泽，万物生光辉。
常恐秋节至，焜黄[3]华[4]叶衰。
百川东到海，何时复西归？
少壮不努力，老大[5]徒伤悲。

【注释】

[1]晞（xī）：干燥。

[2]布：散布。

[3]焜（kūn）黄：枯黄。

[4]华：同“花”。

[5]老大：长大以后。

行行重行行[1]

行行重行行，与君生别离。相去万余里，各在天一涯[2]。
道路阻且长，会面安可知？胡马[3]依北风，越鸟[4]巢南枝。
相去日已远[5]，衣带日已缓[6]。浮云蔽白日，游子不顾反。
思君令人老，岁月忽已晚。弃捐[7]勿复道，努力加餐饭！

【注释】

[1]行行重行行：行了又行，一直在走。重（chóng），又。这首诗描写了一位女子思念离家远行的丈夫的心情。

[2]一涯：一方。

[3]胡马：北方的马。

[4]越鸟：南方的鸟。

[5]日已远：一天比一天远。

[6]缓：宽松，这里是指人因相思而日渐消瘦。

[7]弃捐：抛弃。

胡笳[1]十八拍（其一）

三国·蔡琰[2]

我生之初尚无为[3]，我生之后汉祚[4]衰。
天不仁兮降乱离，地不仁兮使我逢此时。
干戈日寻[5]兮道路危，民卒[6]流亡兮共哀悲。
烟尘蔽野兮胡虏[7]盛，志意乖[8]兮节义亏。
对殊俗[9]兮非我宜，遭恶辱兮当告谁？
笳一会兮琴一拍，心愤怨兮无人知。

【注释】

[1]胡笳：我国古代北方民族的管乐器。

[2]蔡琰：(177—？)，原字昭姬，晋时避司马昭讳，改字文姬，陈留圉（今河南开封）人，东汉末年大文学家蔡邕的女儿，三国时期著名诗人、音乐家。《后汉书》："博学而有才辩，又妙于音律。"东汉末年，社会动荡，蔡文姬被掳到南匈奴，嫁给了匈奴左贤王，于匈奴诞下二子，饱尝了异族、异乡、异俗生活的痛苦。十二年后，曹操统一北方，想到与挚友及恩师蔡邕的情谊，用重金赎回了蔡文姬。文姬归

汉后，参考胡人声调，结合自己的悲惨经历，创作了哀怨惆怅、令人断肠的琴曲《胡笳十八拍》，这里选录了第一拍。

[3]无为：社会安定。

[4]祚（zuò）：福运。

[5]寻：接连不断。

[6]卒（cù）：同“猝”，仓促、急速。

[7]胡虏：匈奴人。

[8]乖：违背。

[9]殊俗：不同的风俗。

挽歌（其一）

东晋·陶渊明[1]

荒草何茫茫，白杨亦萧萧。严霜九月中，送我出远郊。
四面无人居，高坟正嶕峣[2]。马为仰天鸣，风为自萧条。
幽室[3]一已闭，千年不复朝。千年不复朝，贤达无奈何。
向[4]来相送人，各以归其家。亲戚或余悲，他人亦已歌。
死去何所道，托体[5]同山阿。

【注释】

[1]陶渊明：（约365—427），字元亮，号五柳先生，晚年入刘宋

后改名潜。东晋末期南朝宋初期诗人、辞赋家、散文家。曾担任过几年小官，后来辞官隐居山林，终身不仕。陶渊明的诗感情真挚，朴素自然，田园生活是陶诗的重要题材。因此，陶渊明有“田园诗人”之称，被称为“田园诗派的鼻祖”。

[2]嶕峣（jiāo yáo）：高耸的样子。

[3]幽室：墓穴。

[4]向：当初。

[5]讬（tuō）体：讬，同“托”，寄托身体。

归园田居（其一）

东晋·陶渊明

少无适俗韵[1]，性本爱丘山。误落尘网[2]中，一去三十年。
羁鸟恋旧林，池鱼思故渊。开荒南野际，守拙归园田。
方宅十余亩，草屋八九间，榆柳荫后檐，桃李罗堂前。
暧暧远人村，依依墟里[3]烟。狗吠深巷中，鸡鸣桑树巅。
户庭无尘杂[4]，虚室有余闲。久在樊笼[5]里，复得返自然。

【注释】

[1]适俗韵：适应风俗的气质。韵：气质、风度。

[2]尘网：罗网一般的尘世。比喻官场。

[3]墟里：村落。

[4]尘杂：尘世间的俗事、杂事。

[5]樊笼：关鸟的笼子，这里比喻官场、仕途。

杂诗（其一）

东晋·陶渊明

人生无根蒂，飘如陌上尘。分散逐风转，此已非常身[1]。
落地为兄弟，何必骨肉亲[2]。得欢当做乐，斗酒聚比邻。
盛年不重来，一日难再晨。及时当勉励，岁月不待人。

【注释】

[1]非常身：不是经久不变的身体，即不再是盛年、壮年时的身体了。

[2]落地为兄弟，何必骨肉亲：应当把世人都视同兄弟，何必只有亲生的同胞弟兄才能相亲呢。

拟咏怀

北朝·庾信[1]

寻思万户侯，中夜[2]忽然愁。琴声遍屋里，书卷满床头。
虽言梦蝴蝶[3]，定自非庄周。残月如初月，新秋似旧秋。
露泣[4]连珠下，萤飘碎火[5]流。乐天乃知命，何时能不忧？

【注释】

[1]庾信：(513—581)，字子山，宫体文学的代表人物。

[2]中夜：半夜。这里是说诗人夜不能寐。

[3]梦蝴蝶：据《庄子·齐物论》记载，庄子梦见自己变成了蝴蝶，醒来后竟然分不清在梦中是自己变成了蝴蝶，还是蝴蝶变成了自己。

[4]露泣：意为露珠下落，就好像是在哭泣流泪一般。

[5]碎火：形容萤火点点的样子。

西洲曲

忆梅下西洲，折梅寄江北。单衫杏子红，双鬓鸦雏[1]色。西洲在何处？两桨桥头渡。日暮伯劳[2]飞，风吹乌臼树。树下即门前，门中露翠钿。开门郎不至，出门采红莲。采莲南塘秋，莲花过人头。低头弄莲子，莲子清如水。置莲怀袖中，莲心彻底红。忆郎郎不至，仰首望飞鸿。鸿飞满西洲，望郎上青楼。楼高望不见，尽日栏杆头。栏杆十二曲，垂手明如玉。卷帘天自高，海水摇空绿。海水梦悠悠，君愁我亦愁。南风知我意，吹梦到西洲。

【注释】

[1]鸦雏色：形容头发像小鸦的羽毛那样乌黑亮泽。

[2]伯劳：一种鸣禽，常用来比喻夫妻、情侣、亲人、朋友之间的分离。《东飞伯劳歌》：“东飞伯劳西飞燕，黄姑织女时相见。”

终南别业

唐·王维[1]

中岁[2]颇好道[3]，晚家南山陲。
兴来每独往，胜事[4]空自知。
行到水穷处，坐看云起时。
偶然值林叟，谈笑无还期。

【注释】

[1]王维：（701—761），字摩诘，人称“诗佛”，盛唐时期著名诗人。他在诗、画、音乐方面成就都很高，苏东坡赞他：“味摩诘之诗，诗中有画；观摩诘之画，画中有诗。”尤以山水诗著名，是唐代山水田园派的代表。有《王右丞集》。

[2]中岁：中年。南朝齐谢朓《赋贫民田》：“中岁历三台，旬月典邦政。”

[3]好道：信奉佛教。

[4]胜事：愉快的事、快意的事。

少年行（其一）

唐·王维

新丰[1]美酒斗十千，咸阳游侠多少年。
相逢意气[2]为君饮，系马高楼垂柳边。

【注释】

[1]新丰：古县名，今陕西省临潼县东北，古时产美酒。

[2]意气：感情投合。

滕王阁诗

唐·王勃[1]

滕王高阁临江渚[2]，佩玉鸣鸾[3]罢歌舞。
画栋朝飞南浦[4]云，珠帘暮卷西山雨。
闲云潭影日悠悠，物换星移几度秋。

阁中帝子今何在？槛[5]外长江空自流。

【注释】

[1]王勃：(650—676)，字子安，初唐诗人。与杨炯、卢照邻、骆宾王被并称为“初唐四杰”。其在文学上主张崇尚实用，一反当时盛行以上官体为代表的诗风。著有《王子安集》。

[2]渚：水中的小沙洲。

[3]鸣鸾：佩戴在身上的装饰品。

[4]浦：水边，多用于水边的地名。

[5]槛：栏杆。

二十四诗品[1]（节选）

唐·司空图

其六·典雅

玉壶买春[2]，赏雨茆[3]屋。坐中佳士，左右修竹。白云初晴，幽鸟相逐。

眠琴绿阴，上有飞瀑。落花无言，人淡如菊。书之岁华，其曰可读。

其十一·含蓄

不着一字，尽得风流。语不涉己，若不堪忧。是有真宰，与之沉浮。

如渌[4]满酒，花时返秋。悠悠空尘，忽忽海沤[5]。浅深聚散，万取一收。

【注释】

[1]二十四诗品：晚唐诗人司空图探讨诗歌美学风格的理论著作。

[2]玉壶买春：提着玉壶去买酒。

[3]茆（máo）：同“茅”。

[4]渌（lù）：同“漉”，渗滤。

[5]沤（ōu）：水泡。

其十八·实境

取语甚直，计思匪深。忽逢幽人，如见道心。清涧之曲，碧松之阴。

一客荷樵，一客听琴。情性所至，妙不自寻。遇之自天，泠然[1]希音。

其二十三·旷达

生者百岁，相去几何？欢乐苦短，忧愁实多。何如尊[2]酒，日往烟萝[3]。

花覆茆檐，疏雨相过。倒酒既尽，杖藜[4]行歌。孰不有古[5]？南山峨峨。

【注释】

[1]泠（líng）然：寒冷，清凉。

[2]尊：同“樽”，古代盛酒的容器。

[3]烟萝：烟雾苍茫、萝藤遍野的幽静之地。

[4]藜：野生植物，质地坚韧，可以做拐杖。

[5]古：死亡。

行路难（其一）

唐·李白[1]

金樽清酒斗十千，玉盘珍羞直[2]万钱。停杯投箸不能食，拔剑四顾心茫然。欲渡黄河冰塞川，将登太行雪满山。闲来垂钓碧溪上[3]，忽复乘舟梦日边[4]。行路难！行路难！多歧路，今安在？长风破浪会有时，直挂云帆济[5]沧海。

【注释】

[1]李白：（701—762），字太白，号青莲居士，人称“诗仙”、“诗侠”，是盛唐浪漫主义诗歌的代表人物。他的大量诗篇，既反映了那个时代的繁荣气象，也揭露和批判了统治集团的荒淫和腐败，表现出蔑视权贵，反抗传统束缚，追求自由和理想的积极精神，有《李太白集》。

[2]直：价值，同“值”。

[3]垂钓碧溪上：传说姜太公在遇到文王之前就曾在磻溪（今陕西

省宝鸡市东南面）垂钓。

[4]乘舟梦日边：相传伊尹在被商汤发掘之前曾梦见自己乘船经过日月之边。

[5]济：渡，渡过。

月下独酌四首（其一）

唐·李白

花间一壶酒，独酌无相亲。举杯邀明月，对影成三人。月既不解饮[1]，影徒[2]随我身。暂伴月将[3]影，行乐须及春[4]。我歌月徘徊，我舞影零乱。醒时同交欢，醉后各分散。永结无情[5]游，相期[6]邈云汉[7]。

【注释】

[1]不解饮：不懂得喝酒。

[2]徒：徒然，白白地。

[3]将：和。

[4]须及春：应该趁着春暖花开之时。

[5]无情：忘情，指超乎一般的情谊。

[6]期：约会。

[7]邈云汉：遥远的银河。

菩萨蛮

唐·李白

平林漠漠[1]烟如织，寒山一带伤心碧[2]。暝色入高楼，有人[3]楼上愁。　玉阶空伫立，宿鸟归飞急。何处是归程？长亭更短亭[4]。

【注释】

[1]漠漠：广阔、平远的样子。

[2]伤心碧：晚山之青，有如碧玉。

[3]人：指思念征夫的女子。

[4]亭：大道上行人休息停留之处。《释名》卷五："亭，停也，人所停集也。"庾信《哀江南赋》："十里五里，长亭短亭。"

代悲白头翁

唐·刘希夷[1]

洛阳城东桃李花[2]，飞来飞去落谁家？洛阳女儿惜颜色，行逢落花长叹息。今年花落颜色改，明年花开复谁在？已见松柏摧为薪[3]，更闻桑田变成海[4]。古人无复洛城东，今人还对落花风。年年岁岁花相似，岁岁年年人不同。寄言全盛红颜子[5]，应怜半死白头翁。此翁白头真可怜，伊昔红颜美少年。公子王孙芳树下，清歌妙舞落花前。光禄[6]池台文锦绣[7]，将军[8]楼阁画神仙。一朝卧病无相识，三春行乐在谁边？宛转蛾眉[9]能几时？须臾鹤发乱如丝。但看古来歌舞地，惟有黄昏鸟雀悲。

【注释】

[1]刘希夷:（约651—约679），字延之（一作庭芝），汝州（今河南临汝）人。上元二年（675年）中进士，善于演奏琵琶。其诗尤其以歌行见长，内容以闺情居多。后被人所害，死时年纪未到三十。大多数诗歌均已失传。

[2]洛阳城东桃李花：代用乐府诗《董娇娆》："洛阳城东路，桃李

生路旁。”

[3]松柏摧为薪：松柏都被砍伐下来作为柴薪。

[4]桑田变成海：《神仙传》：“麻姑谓王方平曰：‘接待以来，已见东海三为桑田。’”

[5]红颜子：这里指少年。

[6]光禄：也就是光禄勋。

[7]文锦绣：用锦绣来装饰池台中的物品。

[8]将军：指东汉时期的外戚梁冀，他曾经任大将军一职。

[9]宛转蛾眉：代指青春年华。

春江花月夜

唐·张若虚[1]

春江潮水连海平，海上明月共潮生。滟滟随波千万里，何处春江无月明！江流宛转绕芳甸[2]，月照花林皆似霰[3]。空里流霜不觉飞，汀[4]上白沙看不见。江天一色无纤尘，皎皎空中孤月轮。江畔何人初见月？江月何年初照人？人生代代无穷已，江月年年只相似。不知江月待何人，但见长江送流水。白云一片去悠悠，青枫浦[5]上不胜愁。谁家今夜扁舟子[6]？何处相思明月楼？可怜楼上月徘徊，应照离人妆镜台。玉户帘中卷不去，捣衣砧上拂还来。此时相望不相闻，愿逐月华流照君。

鸿雁长飞[7]光不度，鱼龙潜跃[8]水成文。昨夜闲潭梦落花，可怜春半不还家。江水流春去欲尽，江潭落月复西斜。斜月沉沉藏海雾，碣石潇湘[9]无限路。不知乘月几人归，落月摇情满江树。

【注释】

[1]张若虚：（约660—约720），唐朝诗人，与贺知章、张旭、包融并称为“吴中四士”。其诗作基本全部佚失，仅存两首流传至今，其中之一便是千古绝唱《春江花月夜》。

[2]芳甸：长满花草的原野。

[3]霰（xiàn）：原指雪粒，这里指月光下的花朵。

[4]汀：河边的沙地。

[5]青枫浦：地名，在今湖南省浏阳县。这里代指遥远的河岸。

[6]扁舟子：指那种浪迹江湖的游子。

[7]鸿雁长飞：暗含“雁足传书”的典故。《汉书·苏武传》：“天子射上林中，得雁，足有系帛书，言武等在某泽中。”比喻身在两地的人之间的相思之情。

[8]鱼龙潜跃：暗含“鱼传尺素”的典故。古乐府《饮马长城窟行》：“客从远方来，遗我双鲤鱼。呼儿烹鲤鱼，中有尺素书。”这里也是比喻身处两地的人之间的相思之情。

[9]碣石潇湘：泛指北方与南方。碣石，山名，在北方，出自曹操《短歌行》。潇湘，分别指潇水与湘水，都在南方。

古从军行

唐·李颀[1]

白日登山望烽火，黄昏饮马傍交河。行人刁斗[2]风沙暗，公主琵琶幽怨多。野云万里无城郭，雨雪纷纷连大漠。胡雁哀鸣夜夜飞，胡儿眼泪双双落。闻道玉门犹被遮，应将性命逐轻车。年年战骨埋荒外，空见蒲桃[3]入汉家。

【注释】

[1]李颀：(690—751)，唐朝诗人，曾任新乡县尉，晚年隐居。其诗内容涉及较广，尤以边塞诗、音乐诗最为出名。其诗格调高昂、风格豪放、慷慨悲凉。有《李颀集》。

[2]刁斗：古代军中铜制炊具，容量一斗。白天用来煮饭，晚上敲击用来打更。

[3]蒲桃：即葡萄。

赠卫八处士[1]

杜甫[2]

人生不相见，动如参与商[3]。今夕复何夕，共此灯烛光。少壮能几时？鬓发各已苍！访旧半为鬼，惊呼热中肠[4]。焉知二十载，重上君子[5]堂。昔别君未婚，儿女忽成行。怡然敬父执[6]，问我来何方。问答乃未已，驱儿罗酒浆。夜雨剪春韭，新炊间[7]黄粱[8]。主称会面难，一举累[9]十觞。十觞亦不醉，感子故意[10]长。明日隔山岳，世事两茫茫。

【注释】

[1]处士：这里指不入仕途的隐居者。《孟子·滕文公下》："圣王不作，诸侯放恣，处士横议，杨朱、墨翟之言盈天下。"

[2]杜甫：(712—770)，字子美，河南巩县（今郑州巩义）人，曾任左拾遗、检校工部员外郎，世称杜工部、杜拾遗，自号少陵野老，唐代著名诗人，与李白并称"大李杜"。杜甫生活在唐朝由盛转衰的历史时期，其诗多涉及社会动荡、政治黑暗、人民疾苦，其诗被誉为"诗史"。另外，因其忧国忧民，人格高尚，诗艺精湛，被后世尊称为"诗圣"。有《杜工部集》。

[3]参与商：都是二十八星宿名。参，即参宿，位于天空西面；商，即心宿，位于天空东面。两星此起彼伏。

[4]热中肠：形容内心激动而悲怆。

[5]君子：这里指卫八处士。

[6]父执：父亲的好友。此语出自《礼记·曲礼上》："见父之执，不谓之进，不敢进；不谓之退，不敢退；不问，不敢对。"孔颖达注曰："见父之执，谓执友与父同志者也。"

[7]间：混杂，掺和。一作"闻"，意为闻到黄粱的气味。

[8]黄粱：一种粟米的名字，也就是黄小米。

[9]累：连续、接连。

[10]故意：老朋友相互交往且思念的情意。

新安吏[1]

唐·杜甫

客[2]行新安道，喧呼闻点兵。借问新安吏："县小更[3]无丁？""府帖[4]昨夜下，次[5]选中男[6]行。""中男绝短小，何以守王城[7]？"肥男有母送，瘦男独伶俜[8]。白水暮东流，青山犹哭声。"莫自使眼枯，收汝泪纵横。眼枯即见骨，天地终无情！我军取相州[9]，日夕望其平。岂意贼难料，归军星散营[10]。就粮近故垒[11]，练卒依旧京[12]。掘壕不到水，牧马役亦轻。况乃王师顺[13]，抚养甚分明[14]。送行勿泣血，仆射[15]如父兄。”

【注释】

[1]新安吏：诗人曾在题下注：“收京后作。虽收两京，贼犹充斥。”新安，今河南省新安县，位于洛阳市的西面。

[2]客：这是杜甫的自称。

[3]更：再。

[4]帖：军帖，古代征兵的文书。

[5]次：按顺序，依次。

[6]中男：唐高祖在武德七年（624年）在征兵方面曾定制：“男女始生为黄，四岁为小，十六为中，二十一为丁，六十为老……至天宝三年（744年）又降优制：以十八为中男，二十二为丁。”（《旧唐书·食货志上》）

[7]王城：指东都洛阳。洛阳是周代的王城。

[8]伶俜（líng pīng）：形容孤独的样子。乐府《孔雀东南飞》：“昼夜勤作息，伶俜萦苦辛。”

[9]取相州：根据《通鉴·唐纪三十七》记载，在乾元二年的二月，史思明将兵从魏州引至邺（也就是相州），然后用尽各种方法劫掠唐军营地，断绝了他们辎重与粮食的供给。三月份的时候双方开始决战。

[10]星散营：形容官兵溃败之后军营变得散乱零落。

[11]故垒：过去的营地，旧营地。《晋书·李矩传》：“刘聪遣从弟畅步骑三万讨矩，屯于韩王故垒。”

[12]旧京：指东都洛阳。

[13]顺：这里是出师有名的意思。

[14]甚分明：指王师对士兵的亲切抚爱是毋庸置疑的。

[15]仆射（yè）：官名，这里指郭子仪，至德二年（757年）五月他被封为左仆射。

茅屋为秋风所破歌

唐·杜甫

八月秋高[1]风怒号，卷我屋上三重茅[2]。茅飞渡江洒江郊，高者挂罥[3]长林梢，下者飘转沉塘坳。南村群童欺我老无力，忍能对面为盗贼。公然抱茅入竹去，唇焦口燥呼不得！归来倚杖自叹息。俄顷[4]风定云墨色，秋天漠漠[5]向昏黑。布衾多年冷似铁，骄儿恶卧[6]踏里裂。床头屋漏无干处，雨脚[7]如麻未断绝。自经丧乱少睡眠，长夜沾湿何由彻[8]！安得[9]广厦千万间，大庇[10]天下寒士[11]俱欢颜，风雨不动安如山！呜呼！何时眼前突兀[12]见此屋，吾庐独破受冻死亦足！

【注释】

[1]秋高：秋深。

[2]三重茅：几层茅草。三，表示多数。

[3]挂罥（juàn）：悬挂。

[4]俄顷：不久、顷刻之间。

[5]漠漠：乌云密布的样子。

[6]恶卧：睡相不好。

[7]雨脚：雨点。

[8]彻：这里指彻夜、通宵的意思。

[9]安得：如何能得到。

[10]庇：遮蔽、保护。

[11]寒士：本指士人，即文化人，此处泛指贫寒的人们。

[12]突兀：高耸的样子。

梦李白（其二）

唐·杜甫

浮云终日行，游子久不至[1]。三夜频梦君，情亲见君意。告归[2]常局促[3]，苦道[4]来不易。江湖多风波，舟楫[5]恐失坠。出门搔白首，若负[6]平生志。冠盖[7]满京华，斯人[8]独憔悴！孰云网恢恢[9]？将老[10]身反累[11]！千秋万岁名，寂寞身后事。

【注释】

[1]浮云终日行，游子久不至：化用了《行行重行行》“浮云蔽白日，游子不顾反。”游子，这里指李白。至，归来的意思。

[2]告归：告别辞归。

[3]局促：匆促不安，也指因匆促而不能久留。

[4]苦道：再三表示、再三地说。

[5]楫（jí）：船桨。

[6]若负：好像辜负的意思。

[7]冠盖：泛指官员的冠冕与车盖，这里代指京城的达官显贵们。《史记·魏公子列传》："平原君使者冠盖相属于魏。"

[8]斯人：指李白。

[9]网恢恢：天网无限广大，网孔虽然稀疏，但绝不会有所漏失。《老子》："天网恢恢，疏而不失。"

[10]将老：杜甫写这首诗的时候李白已经五十九岁了。

[11]反累：反而无辜受到牵连拖累。这首诗是杜甫听到李白因参加永王李璘的幕府而受牵连被流放夜郎的消息后，积思成梦而作。

枫桥[1]夜泊

唐·张继[2]

月落乌啼霜满天，江枫渔火对愁眠。
姑苏[3]城外寒山寺[4]，夜半钟声到客船。

【注释】

[1]枫桥：地名，位于今江苏省苏州西郊阊门外。

[2]张继：（约715—约779），字懿孙，襄州（今湖北襄阳）人，唐代诗人。天宝十二年（753年）进士。宝应元年（762年）十月，又被任命为员外郎，后入内成为检校员外郎，没过多久又提升为检校郎中，最后任职盐铁判官，掌管洪州财赋，一年后病逝于任上。

[3]姑苏：苏州。

[4]寒山寺：枫桥附近的一座寺庙，建于南朝梁代。据说因僧人寒山住此而得此名。

雁门太守行[1]

唐·李贺[2]

黑云[3]压城城欲摧，甲光[4]向日金鳞开。
角[5]声满天秋色里，塞上燕脂[6]凝夜紫。
半卷红旗临易水[7]，霜重鼓寒[8]声不起。
报君黄金台上意，提携玉龙[9]为君死。

【注释】

[1]雁门太守行：乐府旧题《相和歌·瑟调曲》。雁门，位于今山西省西北部地区。

[2]李贺：（790—816），字长吉，河南福昌（今河南宜阳）人。世称“诗鬼”。

[3]黑云：厚重的乌云。这里形容攻城敌军的气势以及因出兵而引起的漫天尘土。

[4]甲光：在太阳光的照射下，士兵的铠甲反射出来的光芒。

[5]角：古代军队中常用的一种用来发号施令的吹奏乐器。

[6]燕脂：也就是胭脂，深红色。这里代指暮色霞光。

[7]易水：此处借用这个水名只是为了营造一种悲壮的气氛。荆轲《易水歌》："风萧萧兮易水寒，壮士一去兮不复还。"

[8]霜重鼓寒：因夜里寒冷霜重使得鼓声沉闷。

[9]玉龙：宝剑的代称。传说晋朝初年雷焕在丰城县得到一个玉匣，里面藏了两把剑，将剑放入水中便变成了龙。

放言五首（其三）

唐·白居易[1]

赠君[2]一法决狐疑，不用钻龟[3]与祝蓍[4]。
试玉要烧三日满，辨材须待七年期。
周公[5]恐惧流言日，王莽[6]谦恭未篡时。
向使当初身便死，一生真伪复谁知？

【注释】

[1]白居易：(772—846)，字乐天，河南新郑人，唐代著名诗人，

有“诗魔”和“诗王”之称，有《白氏长庆集》传世。

[2]君：您，这里指作者的好友元稹。

[3]钻龟：古人钻龟壳后看其裂纹来占卜吉凶。

[4]祝蓍（shī）：古人也拿蓍草的茎来占卜吉凶。蓍，多年生草本植物，全草可以入药，茎、叶可用来制香料。

[5]周公：姬旦，周武王的弟弟，周成王的叔父。成王年幼为王，周公摄政，管叔等人散布周公要害成王的流言，于是周公就躲了起来。后来成王发觉这个流言是假的，便迎接周公回来，并平定了管叔等人的叛乱。

[6]王莽：汉元帝皇后的侄子。王莽在篡夺东汉政权之前，为收揽人心，常以谦恭退让的姿态示人，后来却篡汉自立，改国号为“新”。

对酒五首（其三）

唐·白居易

蜗牛角上[1]争何事，石火光中[2]寄此身。
随富随贫且欢乐，不开口笑是痴人。

【注释】

[1]蜗牛角上：比喻人类在世界上占据的空间就像蜗牛角那么小。《庄子·则阳》：“有国于蜗之左角者，曰触氏；有国于蜗之右角者，

曰蛮氏。时相与争地而战，伏尸数万，逐北旬有五日而后反。”

[2]石火光中：比喻人生就像击石时发出的火光那样一闪即逝。

离思五首（其四）

唐 · 元稹[1]

曾经沧海难为水，除却巫山不是云。
取次[2]花丛懒回顾，半缘[3]修道半缘君。

【注释】

[1]元稹：(779—831)，字微之，别字威明，洛阳（今河南洛阳）人，为北魏宗室鲜卑族拓跋部后裔，是什翼犍之十四世孙。早年曾与白居易共同发起“新乐府运动”，世人常把他与白居易并称“元白”。有《元氏长庆集》。

[2]取次：循序渐进。

[3]半缘：一半是因为。

西塞山怀古

唐·刘禹锡[1]

王濬[2]楼船下益州[3]，金陵王气[4]黯然收。
千寻[5]铁锁沉江底[6]，一片降幡出石头[7]。
人世几回伤往事，山形依旧枕寒流。
今逢四海为家[8]日，故垒萧萧芦荻秋。

【注释】

[1]刘禹锡：（772—842），字梦得，祖籍洛阳，唐代中晚期著名诗人，有“诗豪”之称。曾任监察御史，是王叔文政治改革集团的一员。

[2]王濬（jùn）：晋时的益州刺史。

[3]益州：晋时的郡治，位于今成都市。

[4]金陵王气：金陵是当时吴国的都城。古人非常相信望气之术，认为帝王所居住之地有“王气”，即与帝王命运相关的祥瑞之气。一旦国亡，王气也会随之衰竭。《东观汉记·光武帝纪》：“望气者言，春陵城中有喜气，曰：‘美哉王气，郁郁葱葱。’”

[5]寻：古代的长度单位。

[6]铁锁沉江底：当时的吴国人用铁索来横绝江面，以此阻拦晋国的船队，而晋国人则用火来对抗，用火将铁索熔化。

[7]降幡出石头：王濬当时从武昌顺流而下直逼金陵，最终攻入石头城，而吴主孙皓亲自到营门外投降。降幡，投降时用的旗帜。

[8]四海为家：即天下统一，四海归为一家。《史记·高祖本纪》："且夫天子以四海为家，非壮丽无以重威，且无令后世有以加也。"

望江南二首

五代·李煜[1]

闲梦远，南国正芳春。船上管弦江面渌[2]，满城飞絮辊[3]轻尘，忙杀看花人。

闲梦远，南国正清秋。千里江山寒色远，芦花深处泊孤舟，笛在月明楼。

【注释】

[1]李煜：(937—978)，五代十国时南唐国君，字重光。

[2]渌（lù）：水清澈的样子。

[3]辊（gǔn）：翻滚、转动。

天道

五代·冯道[1]

穷达皆由命，何劳发叹声。但知行好事，莫要问前程。
冬去冰须泮，春来草自生。请君观此理，天道甚分明。

【注释】

[1]冯道：(882—954)，字可道，自号长乐老，五代瀛州景城（今河北交河）人，中国大规模官刻儒家经籍的创始人。

菩萨蛮

五代·韦庄[1]

人人尽说江南好，游人只合江南老。春水碧于天，画船听雨眠。　炉[2]边人似月，皓腕凝霜雪。未老莫还乡，还乡须断肠。

【注释】

[1]韦庄:(836—910),字端己，杜陵(今陕西西安)人，曾任前蜀宰相，谥文靖，唐末五代花间派词人，词风清丽，有《浣花词》。

[2]炉：一作“垆”,酒店里用土砌台安放的大酒缸。

定风波

北宋·苏轼

莫听穿林打叶声，何妨吟啸且徐[1]行。竹杖芒鞋轻胜马，谁怕！一蓑烟雨任平生。料峭[2]春风吹酒醒，微冷，山头斜照却相迎。回首向来萧瑟[3]处，归去，也无风雨也无晴。

【注释】

[1]徐：慢慢。

[2]料峭：形容春天的寒冷。

[3]萧瑟：凄凉景色。

雨霖铃

北宋·柳永[1]

寒蝉凄切，对长亭晚，骤雨初歇。都门帐饮[2]无绪，留恋处、兰舟[3]催发。执手相看泪眼，竟无语凝噎[4]。念去去、千里烟波，暮霭沉沉楚天[5]阔。多情自古伤离别，更那堪、冷落清秋节！今宵酒醒何处？杨柳岸、晓风残月。此去经年，应是良辰好景虚设。便纵有千种风情，更与何人说？

【注释】

[1]柳永：（约987—约1053），字耆卿，崇安（今福建武夷山）人，原名三变，因官至屯田员外郎，故称柳屯田，北宋著名词家。

[2]都门帐饮：在京城郊外设帐喝酒饯行。

[3]兰舟：船的美称，鲁班曾刻木兰树为舟，因此得名。

[4]凝噎：因为悲痛而说不出话来。

[5]楚天：古代楚国位于长江中下游一带，所以楚天代指南方。

苏幕遮

北宋·范仲淹[1]

碧云天，黄叶地，秋色连波，波上寒烟翠。山映斜阳天接水，芳草无情，更在斜阳外。黯[2]乡魂，追旅思，夜夜除非，好梦留人睡。明月楼高休独倚，酒入愁肠，化作相思泪。

【注释】

[1]范仲淹：(989—1052)，字希文，苏州吴县（今属江苏苏州）人。北宋著名政治家、思想家、军事家和文学家。他为政清廉，体恤民情，刚直不阿，力主改革，屡遭奸佞诬谤，数度被贬。皇佑四年（1052年）病逝于徐州，谥文正，封楚国公、魏国公。有《范文正公集》传世。

[2]黯：形容心情阴郁。江淹《别赋》："黯然销魂，惟别而已矣。"

蝶恋花

北宋·晏殊[1]

槛菊愁烟兰泣露[2]，罗幕轻寒，燕子双飞去。明月不谙[3]离恨苦，斜光到晓穿朱户。　昨夜西风凋碧树，独上高楼，望尽天涯路。欲寄彩笺兼尺素[4]，山长水阔知何处？

【注释】

[1]晏殊：(991—1055)，字同叔，抚州临川（今江西抚州）人。诗属“西昆体”，词风闲雅，承袭五代冯延巳，语言婉丽，音韵谐和，有《珠玉词》。

[2]槛菊愁烟兰泣露：汉武帝《秋风辞》：“兰有秀兮菊有芳。”此处兰菊并提，是说花草凋零。江淹《别赋》：“见红兰之受露。”

[3]谙（ān）：了解、熟悉。

[4]欲寄彩笺兼尺素：“彩笺”、“尺素”，都是书简，只有近代和古代之别。此处却一分为二。

浪淘沙近

北宋·宋祁[1]

少年不管，流光如箭，因循[2]不觉韶光换。至如今，始惜月满、花满、酒满。　扁舟欲解垂杨岸，尚同欢宴，日斜歌阕将分散。倚兰桡[3]，望水远、天远、人远。

【注释】

[1]宋祁：(998—1062)，字子京，安陆（今湖北安陆）人。天圣二年（1024年）进士，官至翰林学士、史馆修撰，与欧阳修等合修《新唐书》。谥景文。

[2]因循：疏懒、怠惰。

[3]兰桡（ráo）：小舟。

玉楼春

北宋·周邦彦[1]

桃溪[2]不作从容住，秋藕绝来无续处。当时相候赤栏桥[3]，今日独寻黄叶路。　烟中列岫[4]青无数，雁背夕阳红欲暮。人如风后入江云，情似雨余粘地絮。

【注释】

[1]周邦彦：(1056—1121)，字美成，号清真居士。

[2]桃溪：这里指刘晨、阮肇天台山故事中的地名，天台山上有桃树，山下有一条大溪。

[3]赤栏桥：这里喻指春天时的景色，顾况《题叶道士山房》："水边垂柳赤栏桥。"

[4]列岫：排列耸立的山峦。谢朓《郡内高斋闲坐答吕法曹》："窗中列远岫，庭际俯乔林。"

满江红

宋·岳飞

怒发冲冠[1]，凭栏处、潇潇[2]雨歇。抬望眼[3]，仰天长啸，壮怀激烈。三十功名尘与土[4]，八千里路云和月[5]。莫等闲、白了少年头，空悲切。

靖康[6]耻，犹未雪；臣子恨，何时灭？驾长车[7]、踏破贺兰山缺[8]。壮志饥餐胡虏肉，笑谈渴饮匈奴血。待从头、收拾旧山河，朝天阙[9]。

【注释】

[1]怒发冲冠：愤怒得头发都顶起了帽子。

[2]潇潇：下大雨的声响。

[3]抬望眼：纵目远望。

[4]尘与土：指报国壮志未能实现，功名犹如尘土。

[5]云和月：指日夜兼程，披星戴月。

[6]靖康：宋钦宗赵桓年号。

[7]长车：战车。

[8]缺：指险隘的关口。

[9]阙：指宫门。朝天阙，就是指回京献捷。

水龙吟

南宋·辛弃疾[1]

楚天千里清秋，水随天去秋无际。遥岑远目[2]，献愁供恨，玉簪螺髻[3]。落日楼头，断鸿声里，江南游子。把吴钩[4]看了，栏干拍遍，无人会、登临意。　休说鲈鱼堪脍，尽西风、季鹰[5]归未？求田问舍，怕应羞见，刘郎[6]才气。可惜流年，忧愁风雨，树犹如此[7]。倩何人唤取，红巾翠袖，揾[8]英雄泪。

【注释】

[1]辛弃疾：(1140—1207)，字幼安，号稼轩，历城（今山东济南）人。一生坚决主张抗击金兵，收复失地。多次提出强兵复国的建议，都未得到采纳和施行，反而遭到排斥和贬谪，因其光复故国的雄才壮志得不到施展，于是他将一腔忠愤发而为词，词与苏轼并称苏、辛。有《稼轩词》。

[2]遥岑远目：韩愈、孟郊《城南联句》："遥岑出寸碧（愈），远目增双明（郊）。"

[3]玉簪螺髻：韩愈《送桂州严大夫》："水作青罗带，山如碧玉篸。"篸即簪，"玉簪"即碧玉簪。

[4]吴钩：钩是一种兵器，弯形的刀剑。

[5]季鹰：《世说新语·识鉴》："张季鹰（翰）辟齐王东曹掾，在洛见秋风起，因思吴中菰菜羹、鲈鱼脍，曰：'人生贵得适意尔，何能羁宦数千里以要名爵？'遂命驾便归。俄而齐王败，时人皆谓为见机。"

[6]刘郎：这里指刘备。《三国志·魏书·陈登传》载刘备对许汜的话："君有国士之名，今天下大乱，帝王失所，望君忧国忘家，有救世之意，而君求田问舍，言无可采……如小人欲卧百尺楼上，卧君于地，何但上下床之间邪？"这段话是说，当时的朝士都贪恋爵禄，只知道"求田问舍"。

[7]树犹如此：《世说新语·言语》："桓公（温）北征，经金城，见前为琅邪时种柳，皆已十围，慨然曰：'木犹如此，人何以堪。'攀枝执条，泫然流涕。"庾信在《枯树赋》中写成"树犹如此"，与本句合。

[8]揾（wèn）：揩拭。

贺新郎

南宋·辛弃疾

甚矣吾衰矣[1]，怅平生、交游零落，只今余几。白发空垂三千丈[2]，一笑人间万事。问何物、能令公[3]喜？我见青山多妩媚，料青山、见我应如是。情与貌，略相似。　　一

尊搔首东窗里[4]，想渊明、《停云》诗就，此时风味。江左沉酣求名[5]者，岂识浊醪妙理[6]。回首叫、云飞风起，不恨古人、吾不见，恨古人、不见吾狂耳。知我者，二三子[7]。

【注释】

[1]甚矣吾衰矣：来自《论语·述而》："子曰：甚矣吾衰也，久矣吾不复梦见周公。"

[2]三千丈：来自李白《秋浦歌》："白发三千丈，缘愁似个长。"

[3]公：这里是作者自称。

[4]东窗：来自陶渊明《停云》："良朋悠邈，搔首延伫。""有酒有酒，闲饮东窗。"

[5]江左沉酣求名：来自苏轼《和陶饮酒诗》："江左风流人，醉中亦求名。渊明独清真，谈笑得此生。"

[6]浊醪妙理：来自杜甫《晦日寻崔戢李封》："浊醪有妙理。"

[7]知我者，二三子：合用《论语·宪问》"知我者其天乎"、《论语·述而》"二三子以我为隐乎"两句。

观书有感

南宋·朱熹[1]

半亩方塘一鉴[2]开，天光云影共徘徊。

问渠[3]哪得清如许？为有源头活水来。

【注释】

[1]朱熹：（1130—1200），字元晦，后改仲晦，号晦庵，晚称晦翁。

[2]鉴：镜子。

[3]渠：这里指方塘里的水。

过零丁洋

南宋·文天祥[1]

辛苦遭逢[2]起一经[3]，干戈寥落四周星[4]。
山河破碎风飘絮，身世浮沉雨打萍。
惶恐滩[5]头说惶恐，零丁洋里叹零丁。
人生自古谁无死，留取丹心照汗青[6]！

【注释】

[1]文天祥：（1236—1283），原名云孙，字履善，一字宋瑞，自号文山、浮休道人，吉州吉水（今江西吉安）人，南宋爱国诗人、抗元名将。文天祥在被元军俘获后，宁死不屈，从容赴义。其晚年的诗词风格慷慨激昂、苍凉悲壮，具有强烈的感染力，著有《文山先生全集》等。

[2]遭逢：指自己遇到朝廷的选拔。

[3]起一经：是指精通某一经籍，而通过科举考试获得官职。1256年，文天祥以进士第一名的身份入朝为官。

[4]周星：岁星，即木星。木星每十二年在天空循环一周，所有古人用周星借指十二年。

[5]惶恐滩：赣江十八滩之一，以水流湍急而著称，在今江西省万安县境内。

[6]汗青：古时候都是在竹简上写字，为了防止虫蛀，先要用火炙烤竹片，此时竹片中的水分蒸发出来，样子很像人的汗珠，所以把书简称为汗青。这里特指史册。

论诗三十首（其四）

金·元好问[1]

一语天然万古新，豪华落尽见真淳。

南窗白日羲皇上[2]，未害[3]渊明是晋人。

【注释】

[1]元好问：（1190—1257），字裕之，号遗山，世称遗山先生。山西秀容（今山西忻州）人。

[2]羲皇上：传说中的上古帝王伏羲氏。陶渊明《与子俨等疏》："五六月中，北窗下卧，遇凉风暂至，自谓是羲皇上人。"

[3]未害：这里形容陶渊明虽心向古代，但并未逃避晋代的现实社会，他仍用自然平淡的文笔描述着那个时代的故事。

天净沙·秋

元·白朴

孤村落日残霞，轻烟老树寒鸦，一点飞鸿影下。
青山绿水，白草红叶黄花。

【解题】

白朴（1226—？），原名恒，字仁甫，后改名朴，字太素，号兰谷。元代著名的文学家、杂剧家、词人。

己亥杂诗（其一）

清·龚自珍[1]

少年击剑更吹箫，剑心箫气[2]一例消。
谁分苍凉归棹[3]后，万千哀乐集今朝。

【注释】

[1]龚自珍：(1792—1841)，字尔玉，又字璱人，号定庵，浙江仁和（今浙江杭州）人，清末著名思想家、文学家。

[2]剑心箫气：这里指心中的抱负。

[3]棹（zhào）：船。

临江仙

清·纳兰性德[1]

绿叶成阴春尽也，守宫[2]偏护星星。留将颜色慰多情。分明千点泪，贮作玉壶冰[3]。　独卧文园[4]方病渴，强拈红豆[5]酬卿。感卿珍重报流莺。惜花须自爱，休只为花疼。

【注释】

[1]纳兰性德：(1655—1685)，武英殿大学士明珠长子，清初著名词人。

[2]守官：即守宫槐，俗称马缨花。其叶白日聚合，夜间舒展。

[3]玉壶冰：酒名。

[4]文园：汉司马相如曾任孝文园令，“常有消渴疾”，因此称病闲居，后以“文园病”代指消渴病。

[5]红豆，代指樱桃。这首词本为感谢友人送赠樱桃而作。

狱中题壁

清·谭嗣同[1]

望门投宿思张俭[2]，忍死须臾待杜根[3]。
我自横刀向天笑，去留肝胆两昆仑。

【注释】

[1]谭嗣同：(1865—1898)，湖南浏阳人，中国近代著名政治家、思想家，维新志士，“戊戌六君子”之一。

[2]张俭：东汉末年，张俭因弹劾宦官侯览，被反诬为结党营私，在困迫中逃亡，很多人家因其极高的声望品行，都冒险收留他。

[3]杜根：东汉时，杜根曾上书要求临朝听政的邓太后把政权还给安帝。太后大怒，命人将杜根装入袋中摔死，执行者同情他，手下留情，他逃过一劫，隐身酒肆。太后死后，他复官为侍御史。

满江红

秋瑾[1]

小住京华，早又是，中秋佳节。为篱下，黄花开遍，秋容如拭。四面[2]歌残终破楚，八年风味徒思浙。苦将侬，强派作蛾眉，殊未屑！

身不得，男儿列；心却比，男儿烈。算平生肝胆，因人常热。俗子胸襟谁识我？英雄末路当磨折。莽[3]红尘，何处觅知音？青衫湿。

【注释】

[1]秋瑾：(1875—1907)，近代民主革命志士，她蔑视封建礼法，提倡男女平等，常以花木兰、秦良玉自喻，性豪侠，习文练武，曾自费东渡日本留学。

[2]四面：用“四面楚歌”的典故，代指当时处于危难之中的中国。

[3]莽：广大。

送别

李叔同

长亭外，古道边，芳草碧连天。晚风拂柳笛声残，夕阳山外山。　　天之涯，地之角，知交半零落。一壶浊酒尽余欢，今宵别梦寒。

【解题】

李叔同（1880—1942），祖籍浙江省平湖县，出生于天津一官宦富商之家，圆寂于泉州。学名文涛，字叔同。法号弘一，世称弘一大师。1905年秋赴日本留学，1906年加入中国同盟会。李叔同是中国近代史上著名的艺术家、教育家、思想家、革新家。

自题小像[1]

鲁迅

灵台[2]无计逃神矢[3]，风雨如磐[4]暗故园。
寄意寒星荃[5]不察，我以我血荐轩辕[6]。

【注释】

[1]自题小像：原诗无题，是鲁迅于1903年在日本东京弘文书院求学时，剪辫题照，赠给他的挚友许寿裳的诗。

[2]灵台：也称灵府，指心。

[3]神矢：罗马神话中的爱神之箭，这里指鲁迅在母亲的要求下与朱安订婚。

[4]磐：扁圆的大石。

[5]荃：香草名，此处或代指民众。

[6]轩辕：黄帝，此处代指祖国。

题三义塔

鲁迅

三义塔者，中国上海闸北三义里遗鸠[1]埋骨之塔也，在日本，农人共建之。

奔霆飞焰歼人子，败井颓垣剩饿鸠。
偶值大心[2]离火宅，终遗高塔念瀛洲[3]。
精禽[4]梦觉仍衔石，斗士诚坚共抗流。
度尽劫波[5]兄弟在，相逢一笑泯恩仇。

【注释】

[1]遗鸠：无家可归的鸽子。《鲁迅日记》一九三三年六月二十一日："为西村真琴博士书一横卷……西村博士于上海战后得丧家之鸠，持归养之，初亦相安，而终化去。建塔以藏，且征题咏。率成一律，聊答遐情云尔。"西村真琴（1883—1956），日本生物学家。一·二八事变时曾来上海。

[2]大心：佛语，"大悲心"的略称。《大乘起信论》以"欲拔一切众生苦"之心为大悲心。

[3]瀛洲：传说中的东海神山，此处指日本。

[4]精禽：精卫。

[5]劫波：佛语，略称为劫。古印度传说，世界经历若干万年便毁灭一次，重新开始，此为一“劫”。后人借来指天灾人祸。

沁园春·雪

毛泽东

北国风光，千里冰封，万里雪飘。
望长城内外，惟余莽莽；
大河上下，顿失滔滔。
山舞银蛇，原驰蜡象，欲与天公试比高。
须晴日，看红装素裹，分外妖娆。
江山如此多娇，引无数英雄竞折腰。
惜秦皇汉武，略输文采；
唐宗宋祖，稍逊风骚。
一代天骄，成吉思汗，只识弯弓射大雕。
俱往矣，数风流人物，还看今朝。

【解题】

这首词写于1936年2月。遵义会议确立了毛泽东在全党全军的领导地位。毛泽东率长征部队胜利到达陕北之后，领导全党展开反抗日本帝国主义侵略的伟大斗争。在陕北清涧县，毛泽东曾于一场大雪之后攀登到海拔千米、白雪覆盖的塬上视察地形，欣赏“北国风光”，过后写下了这首词。

卜算子·咏梅

毛泽东

风雨送春归，飞雪迎春到。已是悬崖百丈冰，犹有花枝俏。俏也不争春，只把春来报。待到山花烂漫时，她在丛中笑。

【解题】

这首咏梅词，结构精致和谐，在塑造梅花形象时，上片重点写背景，以背景反衬对象，使梅花具有铮铮铁骨和挑战精神；下片则浓墨重彩写对象，突出梅花甘愿隐于百花之中的情操，使梅花具有明媚开朗、至刚无欲的品格。一个“俏”字，成为过渡的桥梁，使词的境界浑然天成。

繁星（节选）

冰心

一

繁星闪烁着——
　深蓝的太空，
　何曾听得见他们对语？
沉默中，
　微光里，
　　他们深深地互相颂赞了

二

童年呵！
是梦中的真，
　是真中的梦，
　是回忆时含泪的微笑。

三

万顷的颤动——
深黑的岛边，
月儿上来了，
生之源，
死之所！

四

小弟弟呵！
我灵魂中三颗光明喜乐的星。
温柔的，
无可言说的，
灵魂深处的孩子呵！

五

黑暗，
怎样地描画呢？
心灵的深深处，
宇宙的深深处，
灿烂光中的休息处。

春水（节选）

冰心

一

春水！
　又是一年了，
　还这般地微微吹动。
可以再照一个影儿么？

春水温静地答谢我说：
　“我的朋友！
　我从来未曾留下一个影子，
不但对你是如此。”

二

四时缓缓地过去——
百花互相耳语说：
　“我们都只是弱者！

甜香的梦
轮流着做罢，
憔悴的杯
也轮流着饮罢，
上帝原是这样安排的呵！”

三

青年人！
你不能像风般飞扬，
便应当像山般静止。
浮云似的
无力的生涯，
只做了诗人的资料呵！

四

芦荻，
只伴着这黄波浪么？
趁风儿吹到江南去罢！

五

一道小河
　平平荡荡地流将下去，
只经过平沙万里——
　自由的，
　沉寂的，
它没有快乐的声音。

一道小河
　曲曲折折地流将下去，
只经过高山深谷——
　险阻的，
　挫折的，
它也没有快乐的声音。

我的朋友！
感谢你解答了
　我久闷的问题，
平荡而曲折的水流里，
　青年的快乐
　在其中荡漾着了！

死水

闻一多

这是一沟绝望的死水，清风吹不起半点漪沦。
不如多扔些破铜烂铁，爽性泼你的剩菜残羹。
也许铜的要绿成翡翠，铁罐上锈出几瓣桃花；
再让油腻织一层罗绮，霉菌给他蒸出些云霞。
让死水酵成一沟绿酒，飘满了珍珠似的白沫；
小珠笑一声变成大珠，又被偷酒的花蚊咬破。
那么一沟绝望的死水，也就夸得上几分鲜明。
如果青蛙耐不住寂寞，又算死水叫出了歌声。
这是一沟绝望的死水，这里断不是美的所在，
不如让给丑恶来开垦，看他造出个什么世界。

红烛

闻一多

红烛啊！
这样红的烛！
诗人啊！
吐出你的心来比比，
可是一般颜色？
红烛啊！
是谁制的蜡——给你躯体？
是谁点的火——点着灵魂？
为何更须烧蜡成灰，
然后才放光出？
一误再误；
矛盾！冲突！

红烛啊！
不误，不误！
原是要"烧"出你的光来——

这正是自然底方法。
红烛啊！
既制了，便烧着！
烧罢！烧罢！
烧破世人底梦，
烧沸世人底血——
也救出他们的灵魂，
也捣破他们的监狱！

红烛啊！
你心火发光之期，
正是泪流开始之日。

红烛啊！
匠人造了你，
原是为烧的。
既已烧着，
又何苦伤心流泪？
哦！我知道了！
是残风来侵你的光芒，
你烧得不稳时，
才着急得流泪！

红烛啊！

流罢！你怎能不流呢？
请将你的脂膏，
不息地流向人间，
培出慰藉底花儿，
结成快乐底果子！
红烛啊！
你流一滴泪，灰一分心。
灰心流泪你的果，
创造光明你的因。
红烛啊！
“莫问收获，但问耕耘。”

囚歌

叶挺

为人进出的门紧锁着，
为狗爬出的洞敞开着。
一个声音高叫着——
爬出来吧，给你自由！
我渴望自由，
但我深深地知道——

人的身躯怎能从狗洞子里爬出！
我希望有一天，地下的烈火，
将我连这活棺材一齐烧掉，
我应该在烈火与热血中得到永生！

你是人间的四月天——一句爱的赞颂

林徽因

我说你是人间的四月天；
笑响点亮了四面风；轻灵
在春的光艳中交舞着变。
你是四月早天里的云烟，
黄昏吹着风的软，星子在
无意中闪，细雨点洒在花前。
那轻，那娉婷，你是，鲜妍
百花的冠冕你戴着，你是
天真、庄严，你是夜夜的月圆。
雪化后那片鹅黄，你像；新鲜
初放芽的绿，你是；柔嫩喜悦
水光浮动着你梦期待中白莲。
你是一树一树的花开，是燕

在梁间呢喃，——你是爱、是暖、
是希望，你是人间的四月天！

【解题】

林徽因（1903—1955），福建闽侯人。现代女作家、建筑学家。著有诗歌、散文、小说多种。

再别康桥

徐志摩

轻轻的我走了，
　正如我轻轻的来；
我轻轻的招手，
　作别西天的云彩。

那河畔的金柳
　是夕阳中的新娘；
波光里的艳影，
　在我的心头荡漾。

软泥上的青荇，

油油的在水底招摇；
在康河的柔波里，
我甘心做一条水草！

那榆荫下的一潭，
不是清泉，是天上虹；
揉碎在浮藻间，
沉淀着彩虹似的梦。

寻梦？撑一支长篙，
向青草更青处漫溯，
满载一船星辉，
在星辉斑斓里放歌。

但我不能放歌，
悄悄是别离的笙箫；
夏虫也为我沉默，
沉默是今晚的康桥！

悄悄的我走了，
正如我悄悄的来；
我挥一挥衣袖，
不带走一片云彩。

雨巷

戴望舒

撑着油纸伞，独自
彷徨在悠长，悠长
又寂寥的雨巷，
我希望逢着
一个丁香一样地
结着愁怨的姑娘。

她是有
丁香一样的颜色，
丁香一样的芬芳，
丁香一样的忧愁，
在雨中哀怨，
哀怨又彷徨；

她彷徨在这寂寥的雨巷，
撑着油纸伞

像我一样，
像我一样地
默默彳亍着，
冷漠，凄清，又惆怅。

她静默地走近
走近，又投出
太息一般的眼光，
她飘过
像梦一般地，
像梦一般地凄婉迷茫。

像梦中飘过
一枝丁香地，
我身旁飘过这女郎；
她静默地远了，远了。
到了颓圮的篱墙，
走尽这雨巷。

在雨的哀曲里，
消了她的颜色，
散了她的芬芳，
消散了，甚至她的
太息般的眼光，

她丁香般的惆怅。

撑着油纸伞，独自
彷徨在悠长，悠长
又寂寥的雨巷，
我希望飘过
一个丁香一样地
结着愁怨的姑娘。

【解题】

戴望舒（1905—1950），原名戴梦鸥，学名朝采，笔名江思等，浙江人，现代著名诗人、文学翻译家。著有诗集《我的记忆》、《望舒草》、《望舒诗稿》等。

放歌（节选）

柳亚子

天地太无情，日月何无光？
浮云西北来，随风作低昂。
我生胡不辰，丁斯老大邦。
仰面出门去，泪下何淋浪！

听我前致辞，血气同感伤。
上言专制酷，罗网重重强，
人权既蹂躏，《天演》终沦亡。
众生尚酣睡，民气苦不扬。
豺狼方当道，燕雀犹处堂。
天骄闯然入，踞我卧榻旁。
瓜分与豆剖，横议声洋洋。
世界大风潮，鬼泣神亦瞠。
盘涡日以急，欲渡河无梁。
沉沉四百州，尸冢遥相望。
他人殖民地，何处为故乡？
下言女贼盛，兰惠黯不芳。
女权痛零落，女界遭厄殃。
邪说起何人？扶抑分阴阳。
无才便是德，忍令群雌盲。
服从供玩好，谬种流无疆。
明明平等权，剥削无尽藏。
会稽首刻石，罪魁仇秦皇。
变本复加厉，蠢尔南朝唐。
刖刑施无辜，岸狱盈闺房。
同胞二百兆，心死热血凉。
钗愁与鬟病，漫漫长夜长。
我思欧人种，贤哲用斗量。
私心窃景仰，二圣难颉颃。

卢梭第一人，铜像巍天阊。
《民约》创鸿著，大义君民昌。
胚胎革命军，一扫秕与糠。
百年来欧陆，幸福日恢张。
继者斯宾塞，女界赖一匡。
平权富想象，公理方翔翔。
谬种辟前人，妄诩解剖详。
智慧用益出，大哉言煌煌。
独笑支那士，论理魔为障。
乡愿倡卫言，毒人纲与常。
横流今泛滥，洪祸谁能当？
安得有豪杰，重使此理彰！
仰天苦无言，长歌一引吭。

良心（节选）

[法国]维克多·雨果　戴望舒 译

携带着他的披着兽皮的儿孙，
苍颜乱发在狂风暴雨里奔行，
该隐从上帝耶和华前面奔逃，
当黑夜来时，这哀愁的人来到

山麓边，在那一片浩漫的平芜，
他疲乏的妻和喘息的儿孙说：
“我们现在且躺在地上去入梦。”
唯有该隐不睡，在山边想重重。
猛然间抬头，在凄戚的长天底，
他看见只眼睛，张大在幽暗里，
这眼睛在黑暗中深深地看他。
“太近了”，他震颤着说了这句话。
推醒入睡的儿孙、疲倦的女人，
他又凄切地重在大地上奔行。
他走了三十夜，他走了三十天，
他奔走着、战栗着，苍白又无言，
偷偷摸摸，没有回顾，没有留停，
没有休息，又没有睡眠，他行近
那从亚述始有的国土的海滨，
“停下吧，”他说，“这个地方可安身
留在此地。我们到了大地尽头。”
但他一坐下，就在凄戚的天陬，
看见眼睛在原处，在天涯深处。
他就跳了起来，他惊战个不住，
“藏过我！”他喊着，于是他的儿孙
掩住唇，看那愁苦的祖先颤震。
该隐吩咐雅八——那在毡幕下面，
广漠间，生活着的人们的祖先，

说道："把那天幕在这一面舒张。"
他就张开了这片飘摇的围墙，
当他用沉重的铅垂把它压住，
"你不看见了吗？"棕发的洗拉说，
（他的子孙的媳妇，柔美若黎明。）
该隐回答说："我还看见这眼睛！"

【解题】

《良心》是雨果的第三部诗集《历代传奇》中的一首。《良心》一诗是根据《圣经》里的故事写成，作者通过对该隐流浪和归隐过程的描述，表现了该隐良心上所受的种种苦难。

真理

[俄国]亚历山大·谢尔盖耶维奇·普希金

自古以来，智者一直在
探索被遗忘的真理的痕迹，
他们久久地、久久地解释着
前辈亘古通今的道理。
他们坚持认为："纯正的真理
被秘密地藏在了井里"，

他们一起喝下一杯清水，
高声喊道：“我得到了真理！”
但有一个人可以为百姓造福，
（好像是西勒诺斯老头子），
亲眼目睹了他们矜持的愚蠢，
清水和呐喊使他们感到厌倦，
他抛开那隐形的真理，
第一个想起了甜甜的美酒，
我喝干了一杯，没剩下一滴，
终于发现真理就藏在杯底。

【解题】

亚历山大·谢尔盖耶维奇·普希金，(1799—1837)，俄国著名诗人、小说家。

愿望

[俄国]亚历山大·谢尔盖耶维奇·普希金

我在流泪；泪水给我内心以足够的安慰；
我在沉默；没有抱怨整个世界，
我心中充满了无限忧伤，

烦恼中夹杂着痛苦的甜蜜。
啊！生活之梦，飞走吧，我绝不会感到惋惜，
在黑暗中消失吧，空幻的梦境；
我珍惜爱情给我的痛苦与折磨，
即使是死，我也要爱着死去！

假如生活欺骗了你

[俄国]亚历山大·谢尔盖耶维奇·普希金

假如生活欺骗了你，
不要悲伤，不要性急。
阴郁的日子须要镇静，
相信吧，那愉快的日子即将来临。
心永远憧憬着未来，现在却常是阴沉，
一切都是瞬息，一切都会过去，
而那过去了的，都会变成亲切的怀念。

神圣死亡的低语

[美国]惠特曼

我听到神圣死亡在喃喃低语，
黑夜里那唇音的连篇闲话和齿音的合唱歌曲，
脚步轻轻攀登，神秘的微风轻柔而又低声地吹动，
看不到的河水细浪，一股潮水在流，永久在流，
（还是泼洒的泪花？人类眼泪那弹不完的水花？）
我看到，就在天边，那巨大的云块，
它们忧伤地在缓缓翻滚，默默增大，然后又融合到一起，
有时候有颗悲愁的、半明半灭的远星，
出现了，又看不见了。
（或许是某种新生，某种庄严而又不朽的诞生；
在边远的地带，为目力所不及。
有个灵魂正在路过。）

【解题】

《草叶集》是十九世纪美国作家惠特曼的浪漫主义诗集，记录着诗人一生的思想和探索历程，也反映出他的时代和国家的面貌。诗集

得名于其中这样的一句诗："哪里有土，哪里有水，哪里就长着草。"《神圣死亡的低语》正是出自于这部诗集的经典佳作。

当你年老时

[爱尔兰]威廉·巴特勒·叶芝

当年华已逝，两鬓花白，睡意渐浓，
在火炉边打盹儿，取下这一册书本，
慢慢读，回想你过去眼神的柔和。
多少人爱过你容光焕发的魅力，
多少人爱过你愉悦丰采的时光，
爱你的美丽出自假意或真情，
只一个人爱你那圣洁虔诚的心灵。
爱你的忧伤，爱你变化的容颜；
当你佝偻着，在灼热的炉栅边，
喃喃低语，带着浅浅的哀伤，
爱情怎样逝去，逡巡在头顶的高山，
怎样在繁星之间藏住了脸。

【解题】

威廉·巴特勒·叶芝（1865—1939），亦译“叶慈”、“耶茨”，爱尔兰诗人、剧作家，著名的神秘主义者。

开始

［印度］泰戈尔

“我是从哪儿来的？你，在哪儿把我捡起来的？”孩子问他的妈妈说。

她把孩子紧紧地搂在胸前，半哭半笑地答道——

“你曾被我当做心愿藏在我的心里，我的宝贝。

“你曾存在于我孩童时代玩耍的泥娃娃身上；每天早晨我用泥土塑造我的神像，那时我反复地塑了又捏碎了的就是你。

“你曾和我们的家庭守护神一同受到祀奉，我崇拜家神时也就崇拜了你。

“你曾活在我所有的希望和爱情里，活在我的生命里，我母亲的生命里。

“在主宰着我们家庭的不死的精灵的膝上，你已经被抚育了好多代了。

“当我做女孩子的时候，我的心的花瓣儿张开，你就像一股花香似的散发出来。

“你的软软的温柔，在我青春的肢体上开花了，像太阳出来之前的天空上的一片曙光。

“上天的第一宠儿，晨曦的孪生兄弟，你从世界的生命的溪流浮泛而下，终于停泊在我的心头。

“当我凝视你的脸蛋儿的时候，神秘之感淹没了我；你这属于一切人的，竟成了我的。

“为了怕失掉你，我把你紧紧地搂在胸前。是什么魔术把这世界的宝贝引到我这双纤小的手臂里来呢？”

【解题】

本篇出自《新月集》，是印度著名诗人、作家泰戈尔所著。诗集中，诗人生动地描绘了儿童们的游戏，巧妙地表现了孩子们的心理，以及他们活泼的想象。

园丁集（节选）

[印度]泰戈尔

“呵，诗人，黄昏近了；你的头发是变白了。

“你，在孤寂的沉思时，有听见那未来的消息吗？”

诗人说道：“是黄昏了，我正在静听着，因为时候虽晚，村中也许会有人在呼喊。

“我察看着，看有没有少年的漂泊的心相遇在一处，两对热望的眼，要求音乐以破他们的岑寂而为他们说话。

“如果我在生的岸上，熟思死和未来，那么有谁为他们编造热恋的歌呢？

“早出的夜星不见了。

“静悄悄的河边，一堆火葬的柴的火焰，渐渐地熄下去。

“豺狗成群的在缺月的光下，荒废之屋的天井里叫着。

“如果我闭了我的门，想要从人间的束缚里解放出来，那么，没有漂泊的人，离了家，来这里看这个夜，低头静听黑暗里的呻吟声，谁将在他的耳旁微语那生的秘密呢？

“我头发的变白是一件小事。

“我是永远的比这个村中的最少者还少，比这个村中的最老者还老的。

“有的人温和而天真地微笑着，有的人眼睛中有一种乖黠的光。

“有的人在光明处痛哭，有的人在暗地里把眼泪噙住。

“他们都是需求我的，我没有时间去深思那未来的生命。

“我是和每一个人在一个时代的，我头发白了，又有什么关系呢？”

沙与沫（节选）

[黎巴嫩]纪伯伦

我永远在沙岸上行走，在沙土和泡沫的中间。

高潮会抹去我的脚印，风也会把泡沫吹走。

但是海洋和沙岸却将永远存在。

我曾抓起一把烟雾。

然后我伸掌一看，哎哟，烟雾变成一个虫子。

我把手握起再伸开一看，手里却是一只鸟。

我再把手握起又伸开，在掌心里站着一个容颜忧郁、向天仰首的人。

我又把手握起，当我伸掌的时候，除了烟雾以外，一无所有。

但是我听到了一支绝顶甜柔的歌曲。

仅仅在昨天，我认为我自己只是一个碎片，无韵律地在生命的穹苍中颤抖。

现在我晓得，我就是那穹苍，一切生命都是在我里面有韵律地转动的碎片。

他们在觉醒的时候对我说："你和你所居住的世界，只不过是无边海洋的无边沙岸上的一粒沙子。”

在梦里我对他们说：“我就是那无边的海洋，大千世界只不过是我的沙岸上的沙粒。”

论爱（节选）

[黎巴嫩]纪伯伦

当你爱的时候，你不要说，“上帝在我的心中”，却要说，“我在上帝的心里”。

不要想你能导引爱的路程，因为若是他觉得你配，他就导引你。

爱没有别的愿望，只要成全自己。

但若是你爱，而且需求愿望，就让以下的做你的愿望吧：溶化了你自己，像溪流般对清夜吟唱着歌曲。

要知道过度温存的痛苦。

让你对爱的了解毁伤了你自己；

而且甘愿地、喜乐地流血。

清晨醒起，以喜悦的心来致谢这爱的又一日；

日中静息，默念爱的浓欢；

晚潮退时，感谢地回家；

然后在睡时祈祷，因为有被爱者在你的心中，有赞美之歌在你的唇边。

【解题】

《论爱》选自卡里·纪伯伦的名作《先知》。纪伯伦是黎巴嫩阿拉伯诗人、作家、画家。被称为“艺术天才”、“黎巴嫩文坛骄子”，是阿拉伯现代小说、艺术和散文的主要奠基人，二十世纪阿拉伯新文学道路的开拓者之一。代表作有《沙与沫》和《先知》，其主要作品蕴涵了丰富的社会性和东方精神，不以情节为重，旨在抒发丰富的情感。

礼物

[波兰]切斯拉夫·米沃什

如此幸福的一天。
雾一早就散了，我在花园里干活。
蜂鸟停在忍冬花上。
这世上没有一样东西我想占有。
我知道没有一个人值得我羡慕。
任何我曾遭受的不幸，我都已忘记。
想到故我今我同为一人并不使我难为情。
在我身上没有痛苦。
直起腰来，我望见蓝色的大海和帆影。

【解题】

切斯拉夫·米沃什（1911—2004），波兰当代著名诗人、翻译家。主要著作有：诗集《冰封的日子》、《三个季节》、《冬日钟声》、《白昼之光》、《日出日落之处》，日记《猎人的一年》，论著《被奴役的心灵》，小说《夺权》等。1980年作品《拆散的笔记簿》获诺贝尔文学奖。

啊，我的船长！（节选）

[美国]惠特曼

啊，船长！我的船长！请你起来倾听钟声的敲撞！
请你起来——旗帜正在为你招展——号角正在为你吹响，
为你才有花束与飘着缎带的花圈——为你人群才将海岸挤满，
为了你，汹涌的人群才会呼唤，殷切的脸才会朝着你看；
就在这里，啊，船长！我亲爱的父亲！
请将你的头靠着这只手臂！
甲板这地方简直像是一场梦，
你已经倒下，完全停止了呼吸。

我的船长并没有回答，他那嘴唇惨白而又僵冷，

我的父亲无法感到我的臂膀，他早已没有了脉搏与意志的反应，

船只已经安全地将锚抛下，旅程宣告完成，

胜利的船只已经达到目的，已将可怕的航程走完；

欢呼吧，啊，海岸，敲撞吧，啊，钟声！

我每迈一步都怀着悲凄，

船长在甲板上躺卧着，

倒下，并且已完全停止了呼吸。

【解题】

这首诗是《草叶集》中的名篇，是为了纪念美国总统林肯而写就的。

小说卷

经典读点

一人的生活，一国的历史，一个社会的变迁，都有一个『纵剖面』和无数『横截面』。纵面看去，须从头看到尾，方可看见全部。横面截开一段，若截在要紧的所在，便可把这个『横截面』代表这个人，或这一国，或这一社会。这一种可以代表全部的部分，便是我所谓『最精彩』的部分。

——胡适 知名学者，曾任北京大学校长

經典課

祝福（节选）

鲁迅

旧历的年底毕竟最像年底，村镇上不必说，就在天空中也显出将到新年的气象来。灰白色的沉重的晚云中间时时发出闪光，接着一声钝响，是送灶的爆竹；近处燃放的可就更强烈了，震耳的大音还没有息，空气里已经散满了幽微的火药香。我是正在这一夜回到我的故乡鲁镇的。虽说故乡，然而已没有家，所以只得暂寓在鲁四老爷的宅子里。他是我的本家，比我长一辈，应该称之曰“四叔”，是一个讲理学的老监生。他比先前并没有什么大改变，单是老了些，但也还未留胡子，一见面是寒暄，寒暄之后说我“胖了”，说我“胖了”之后即大骂其新党。但我知道，这并非借题在骂我：因为他所骂的还是康有为。但是，谈话是总不投机的了，于是不多久，我便一个人剩在书房里。

第二天我起得很迟，午饭之后，出去看了几个本家和朋友，第三天也照样。他们也都没有什么大改变，单是老了些；家中却一律忙，都在准备着“祝福”。这是鲁镇年终的大典，致敬尽礼，迎接福神，拜求来年一年中的好运气的。

杀鸡、宰鹅、买猪肉，用心细细地洗，女人的臂膊都在水里浸得通红，有的还带着绞丝银镯子。煮熟之后，横七竖八地插些筷子在这类东西上，可就称为“福礼”了，五更天陈列起来，并且点上香烛，恭请福神们来享用，拜的却只限于男人，拜完自然仍然是放爆竹。年年如此，家家如此，——只要买得起福礼和爆竹之类的——今年自然也如此。天色愈阴暗了，下午竟下起雪来，雪花大的有梅花那么大，满天飞舞，夹着烟霭和忙碌的气色，将鲁镇乱成一团糟。我回到四叔的书房里时，瓦楞上已经雪白，房里也映得较光明，极分明地显出壁上挂着的朱拓的大“壽”字，陈抟老祖写的。一边的对联已经脱落，松松地卷了放在长桌上，一边的还在，道是“事理通达心气和平”。我又百无聊赖地到窗下的案头去一翻，只见一堆似乎未必完全的《康熙字典》，一部《近思录集注》和一部《四书衬》。无论如何，我明天决计要走了。

况且，一想到昨天遇见祥林嫂的事，也就使我不能安住。那是下午，我到镇的东头访过一个朋友，走出来，就在河边遇见她；而且见她瞪着的眼睛的视线，就知道明明是向我走来的。我这回在鲁镇所见的人们中，改变之大，可以说无过于她的了：五年前的花白的头发，即今已经全白，全不像四十上下的人；脸上瘦削不堪，黄中带黑，而且消尽了先前悲哀的神色，仿佛是木刻似的；只有那眼珠间或一轮，还可以表示她是一个活物。她一手提着竹篮，内中一个破碗，空的；一手拄着一支比她更长的竹竿，下端开了裂：她分明已经纯乎是一个乞丐了。

边城（节选）

沈从文

女孩子的母亲，老船夫的独生女，十七年前同一个茶峒屯防军人唱歌相熟后，很秘密地背着那忠厚爸爸发生了暧昧关系。有了小孩子后，结婚不成，这屯戍兵士便想约了她一同向下游逃去。但从逃走的行为上看来，一个违背了军人的责任，一个却必得离开孤独的父亲。经过一番考虑后，屯戍兵见她无远走勇气，自己也不便毁去作军人的名誉，就心想一同去生既无法聚首，一同去死当无人可以阻拦，首先服了毒。女的却关心腹中的一块肉，不忍心，拿不出主张。事情业已为作渡船夫的父亲知道，父亲却不加上一个有分量的字眼儿，只作为并不听到过这事情一样，仍然把日子很平静地过下去。女儿一面怀了羞惭，一面却怀了怜悯，依旧守在父亲身边。等待腹中小孩生下后，却到溪边故意吃了许多冷水死去了。在一种近于奇迹中这遗孤居然已长大成人，一转眼间便十五岁了。为了住处两山多竹篁，翠色逼人而来，老船夫随便给这个可怜的孤雏，拾取了一个近身的名字，叫做“翠翠”。

翠翠在风日里长养着，把皮肤变得黑黑的，触目为青山绿水，一对眸子清明如水晶，自然既长养她且教育她。为人天真活泼，处处俨然如一只小兽物。人又那么乖，和山头黄麂一样，从不想到残忍事情，从不发愁，从不动气。平时在渡船上遇陌生人对她有所注意时，便把光光的眼睛瞅着那陌生人，作成随时都可举步逃入深山的神气，但明白了面前的人无机心后，就又从从容容地在水边玩耍了。

老船夫不论晴雨，必守在船头，有人过渡时，便略弯着腰，两手缘引了竹缆，把船横渡过小溪。有时疲倦了，躺在临溪大石上睡着了，人在隔岸招手喊过渡，翠翠不让祖父起身，就跳下船去，很敏捷地替祖父把路人渡过溪，一切溜刷在行，从不误事。有时又和祖父、黄狗一同在船上，过渡时与祖父一同动手牵缆索。船将近岸边，祖父正向客人招呼“慢点，慢点”时，那只黄狗便口衔绳子，最先一跃而上，且俨然懂得如何方称尽职似的，把船绳紧衔着拖船拢岸。茶峒附近村子里人不仅认识弄渡船的祖孙二人，也对于这只狗充满好感。

月下小景（节选）

沈从文

初八的月亮圆了一半，很早就悬到天空中。傍了××省边境由南而北的横断山脉长岭脚下，有一些为人类所疏忽、历史所遗忘的残余种族聚集的山寨。他们用另一种言语，用另一种习惯，用另一种梦，生活到这个世界一隅，已经有了许多年。当这松杉挺茂、嘉树四合的山寨，以及寨前大地平原，整个为黄昏占领了以后，从山头那个青石硐堡向下望去，月光淡淡地洒满了各处，如一首富于光色和谐雅丽的诗歌。山寨中，树林角上，平田的一隅，各处有新收的稻草积，以及白木作成的谷仓。各处有火光，飘扬着快乐的火焰，且隐隐地听得着人语声，望得着火光附近有人影走动。官道上有马项铃清亮细碎的声音，有牛项下铜铎沉静庄严的声音。从田中回去的种田人，从乡场上回家的小商人，家中莫不有一个温和的脸儿等候在大门外。厨房中莫不预备得有热腾腾的饭菜与用瓦罐炖热的家酿烧酒。

薄暮的空气极其温柔，微风摇荡的大气中，有稻草香味，有烂熟了山果香味，有甲虫类气味，有泥土气味。一切在成熟，在开始结束一个夏天阳光雨露所及长养生成的一切。一切光景具有一种节日的欢乐情调。

柔软的白白月光，给位置在山岨上石头碉堡画出一个明明朗朗的轮廓，碉堡影子横卧在斜坡间，如同一个巨人的影子。碉堡缺口处，迎月光的一面，倚着本乡寨主独生儿子傩佑，傩神所保佑的儿子，身体靠定石墙，眺望那半规新月，微笑着思索人生苦乐。

呼兰河传（节选）

萧红

呼兰河这小城里边住着我的祖父。

我生的时候，祖父已经六十多岁了，我长到四五岁，祖父就快七十了。

我家有一个大花园，这花园里蜂子、蝴蝶、蜻蜓、蚂蚱，样样都有。蝴蝶有白蝴蝶、黄蝴蝶。这种蝴蝶极小，不太好看，好看的是大红蝴蝶，满身带着金粉。

蜻蜓是金的，蚂蚱是绿的，蜂子则嗡嗡地飞着，满身绒毛，落到一朵花上，胖圆圆地就和一个小毛球似的不动了。

花园里边明晃晃的，红的红，绿的绿，新鲜漂亮。

据说这花园，从前是一个果园。祖母喜欢吃果子就种了果园。祖母又喜欢养羊，羊就把果树给啃了。果树于是都死了。到我有记忆的时候，园子里就只有一棵樱桃树、一棵李子树，因为樱桃和李子都不大结果子，所以觉得他们是并不存在的。小的时候，只觉得园子里边就有一棵大榆树。

这榆树在园子的西北角上，来了风，这榆树先啸；来了雨，大榆树先就冒烟了；太阳一出来，大榆树的叶子就发光了，它们闪烁得和沙滩上的蚌壳一样了。

城南旧事（节选）

林海音

母亲时代的儿童教育和我们现代不同，比如妈妈那时候交给老妈子一块钱（多么有用的一块钱！），叫她带我们小孩子到“城南游艺园”去，就可以消磨一整天和一整晚。没有人说这是不合理的。因为那时候的母亲并不注重“不要带儿童到公共场所”的教条。

那时候的老妈子也真够厉害，进了游艺园就得由她安排，她爱听张笑影的文明戏“锯碗丁”、“春阿氏”，我就不能到大戏场里听雪艳琴的“梅玉配”。后来去熟了，胆子也大了，便找个题目——要两大枚(两个铜板)上厕所，溜出来到各处乱闯。看穿燕尾服的变戏法儿；看扎着长辫子的姑娘唱大鼓；看露天电影郑小秋的《空谷兰》。大戏场里，男女分座(包厢例外)，有时候观众在给“扔毛巾把儿的”叫好，摆瓜子碟儿的，卖玉兰花儿的，卖糖果的，要茶钱的，穿来穿去，吵吵闹闹，有时或许赶上一位发脾气的观众老爷飞茶壶。戏台上这边贴着戏报子，那边贴着“奉厅谕：禁止怪声叫好”的大字，但是看了反而使人嗓子眼儿痒痒，非喊两声“好”不过瘾。

大戏总是最后散场，已经夜半，雇洋车回家，刚上车就睡着了。我不明白那时候的大人是什么心理，已经十二点多了，还不许人家睡，坐在她们(母亲或者老妈子)的身上，打着瞌睡，她们却时时摇动你说：“别睡！快到家了！”后来我问母亲，为什么不许困得要命的小孩睡觉？母亲说，一则怕着凉，再则怕睡得魂儿回不了家。

多少年后，城南游艺园改建成屠宰场，偶然从那里经过，便不胜今昔之感。这并非是眷恋昔日的热闹生活，那时的社会习俗并不值得一提，只是因为那些事情都是在童年经历的。那是真正的快乐，无忧无虑，不折不扣的欢乐。

为奴隶的母亲（节选）

柔石

日子是一天天地过去了。旧的家，渐渐地在她的脑子里疏远了，而眼前，却一步步地亲近她使她熟悉。虽则，春宝的哭声有时竟在她的耳朵边响，梦中，她也几次地遇到过他了。可是梦是一个比一个缥缈，眼前的事务是一天比一天繁多。她知道这个老妇人是猜忌多心的，外表虽则对她还算大方，可是她的嫉妒的心是和侦探一样，监视着秀才对她的一举一动。有时，秀才从外面回来，先遇见了她而同她说话，老妇人就疑心有什么特别的东西买给她了，非在当晚，将秀才叫到她自己的房内去，狠狠地训斥一番不可。“你给狐狸迷着了么？”“你应该称一称你自己的老骨头是多少重！”像这样的话，她耳闻到不止一次了。这样以后，她望见秀才从外面回来而旁边没有她坐着的时候，就非得急忙避开不可。即使她在旁边，有时也该让开一些，但这种动作，她要做得非常自然，而且不能让旁人看出，否则，她又要向她发怒，说是她有意要在旁人的前面暴露她大娘的丑恶。而且以后，竟将家里的许多杂务都堆积在她的身上，同一个女仆那么样。她还算是聪明的，有时老妇人的换下来的衣服放着，她也给她拿去洗了，虽然她说：

“我的衣服怎么要你洗呢？就是你自己的衣服，也可叫黄妈洗的。”可是接着说：

“妹妹呀，你最好到猪栏里去看一看，那两只猪为什么这样喁喁叫的，或者因为没有吃饱罢，黄妈总是不肯给它们吃饱的。”

八个月了，那年冬天，她的胃却起了变化：老是不想吃饭，想吃新鲜的面、番薯等。但番薯或面吃了两餐，又不想吃，又想吃馄饨，多吃又要呕。而且还想吃南瓜和梅子——这是六月里的东西，真稀奇，向哪里去找呢？秀才是知道在这个变化中所带来的预告了。他镇日地笑微微，能找到的东西，总忙着给她找来。他亲身给她到街上去买橘子，又托便人买了金柑来。他在廊沿下走来走去，口里念念有词的，不知说什么。他看她和黄妈磨过年的粉，但还没有磨了三升，就向她叫：“歇一歇罢，长工也好磨的，年糕是人人要吃的。”

有时在夜里，人家谈着话，他却独自拿了一盏灯，在灯下，读起《诗经》来了：

关关雎鸠，
在河之洲，
窈窕淑女，
君子好逑——

这时长工向他问：

“先生，你又不去考举人，还读它做什么呢？”

他却摸一摸没有胡子的口边，怡悦地说道：

“是呀，你也知道人生的快乐么？所谓：‘洞房花烛夜，金榜挂名时。’你也知道这两句话的意思么？这是人生最快乐的两件事呀！可是我对于这两件事都过去了，我却还有比这两件更快乐的事呢！”

这样，除了他的两个妻以外，其余的人们都大笑了。

差不多先生传

胡适

你知道中国最有名的人是谁？

提起此人，人人皆晓，处处闻名。他姓差，名不多，是各省各县各村人氏。你一定见过他，一定听过别人谈起他。差不多先生的名字天天挂在大家的口头，因为他是中国全国人的代表。

差不多先生的相貌和你和我都差不多。他有一双眼睛，但看的不很清楚；有两只耳朵，但听的不很分明；有鼻子和嘴，但他对于气味和口味都不很讲究。他的脑子也不小，但他的记性却不很精明，他的思想也不很细密。

他常常说："凡事只要差不多了，就好了。何必太精明呢？"

他小的时候，他妈叫他去买红糖，他买了白糖回来。他妈骂他，他摇摇头说："红糖白糖不是差不多吗？"

他在学堂的时候，先生问他："直隶省的西边是哪一省？"他说是陕西。先生说："错了。是山西，不是陕西。"他说："陕西同山西，不是差不多吗？"

后来他在一个钱铺里做伙计，他也会写、也会算，只是总不会精细。十字常常写成千字，千字常常写成十字。掌柜的生气了，常常骂他。他只是笑嘻嘻地赔小心道："千字比十字只多一小撇，不是差不多吗？"

有一天，他为了一件要紧的事，要搭火车到上海去。他从从容容地走到火车站，迟了两分钟，火车已开走了。他白瞪着眼，望着远远的火车上的煤烟，摇摇头道："只好明天再走了，今天走同明天走，也还差不多。可是火车公司未免太认真了。八点三十分开，同八点三十二分开，不是差不多吗？"他一面说，一面慢慢地走回家，心里总不明白为什么火车不肯等他两分钟。

有一天，他忽然得了急病，赶快叫家人去请东街的汪医生。那家人急急忙忙地跑去，一时寻不着东街的汪大夫，却把西街牛医王大夫请来了。差不多先生病在床上，知道寻错了人；但病急了，身上痛苦，心里焦急，等不得了，心里想道："好在王大夫同汪大夫也差不多，让他试试看罢。"于是这位牛医王大夫走近床前，用医牛的法子给差不多先生治病。不上一点钟，差不多先生就一命呜呼了。

差不多先生差不多要死的时候，一口气断断续续地说道："活人同死人也差……差……差不多，……凡事只要……差……差……不多……就……好了，……何……何……必……太……太认真呢?"他说完了这句格言，方才绝气了。

他死后，大家都很称赞差不多先生样样事情看得破，想得通；大家都说他一生不肯认真、不肯算账、不肯计较，真是一位有德行的人。于是大家给他取个死后的法号，叫他做圆通大师。

他的名誉越传越远，越久越大。无数无数的人都学他的榜样。于是人人都成了一个差不多先生。——然而中国从此就成为一个懒人国了。

我这一辈子（节选）

老舍

由前面所说过的去推测，谁也能看出来，我不能老靠着裱糊的手艺挣饭吃。像逛庙会忽然遇上雨似的，年头一变，大家就得往四散里跑。在我这一辈子里，我仿佛是走着下坡路，收不住脚。心里越盼着天下太平，身子越往下出溜。这次的变动，不使人缓气，一变好像就要变到底。这简直不是变动，而是一阵狂风，把人糊糊涂涂的刮得不知上哪里去了。在我小时候发财的行当与事情，许多许多都忽然走到绝处，永远不再见面，仿佛掉在了大海里头似的。裱糊这一行虽然到如今还阴死巴活的始终没完全断了气，可是大概也不会再有抬头的一日了。我老早的就看出这个来。在那太平的年月，假若我愿意的话，我满可以开个小铺，收两个徒弟，安安顿顿地混两顿饭吃。幸而我没那么办。一年得不到一笔大活，只仗着糊一辆车或两间屋子的顶棚什么的，怎能吃饭呢？睁开眼看看，这十几年了，可有过一笔体面的活？我得改行，我算是猜对了。

不过，这还不是我忽然改了行的唯一原因。年头儿的改变不是个人所能抵抗的，胳臂扭不过大腿去，跟年头儿叫死劲简直是自己找别扭。可是，个人独有的事往往来得更厉害，它能马上教人疯了。去投河觅井都不算新奇，不用说把自己的行业放下，而去干些别的了。个人的事虽然很小，可是一加在个人身上便受不住；一个米粒很小，教蚂蚁去搬运便很费力气。个人的事也是如此。人活着是仗了一口气，多嗜有点事儿，把这些气憋住，人就要抽风。人是多么小的玩意儿呢！

我的精明与和气给我带来背运。乍一听这句话仿佛是不合情理，可是千真万确，一点儿不假，假若这要不落在我自己身上，我也许不大相信天下会有这宗事。它竟自找到了我；在当时，我差不多真成了个疯子。隔了这么二三十年，现在想起那回事儿来，我满可以微微一笑，仿佛想起一个故事来似的。现在我明白了个人的好处不必一定就有利于自己。一个人好，大家都好，这点好处才有用，正是如鱼得水。一个人好，而大家并不都好，个人的好处也许就是让他倒霉的祸根。精明和气有什么用呢！现在，我悟过这点理儿来，想起那件事不过点点头，笑一笑罢了。在当时，我可真有点咽不下去那口气。那时候我还很年轻啊！

小时了了

南朝·刘义庆

孔文举[1]年十岁，随父到洛。时李元礼有盛名[2]，为司隶校尉。诣[3]门者皆俊才清称及中表亲戚，乃通[4]。文举至门，谓吏曰："我乃李府君亲。"既[5]通，前坐。元礼问曰："君与仆有何亲？"对曰："昔先君仲尼与君先人伯阳有师资之尊，是仆与君奕世为通好也。"[6]元礼及宾客莫不奇之。太中大夫陈韪后至，人以其语语之。韪曰："小时了了[7]，大未必佳。"文举曰："想君小时，必当了了。"韪大踧踖[8]。

【解题】

本文是笔记小说《世说新语·言语》中的一篇。《世说新语》是我国南朝宋时期产生的一部以记述魏晋人物言谈轶事为主的笔记小说，由刘义庆组织一批文人编写而成。《世说新语》记载了自汉魏至东晋士族阶层言谈轶事，反映了当时士大夫们的思想、生活和清谈放诞的风气，其语言简练，文字生动鲜活，自问世以来，便受到文人的喜爱和重视。本书所选的这则典故的主人公是东汉文学家孔融。后来的人便引用这段故事中的“小时了了”来说明小孩子从小便生性聪明，懂得的事情很多。

【注释】

[1]孔文举：即孔融，字文举，东汉人，孔子的第二十四世孙，“建安七子”之首，以诗文著称。

[2]时：当时。

[3]诣：到……去。

[4]乃通：才（予以）通报。

[5]既：已经。

[6]“对曰”句：孔融回答说：从前我的祖先孔子同您的祖先李伯阳有师生的关系。伯阳：老子姓李，名耳，字伯阳，因此孔融说李伯阳是李元礼的先人。

[7]小时了了：小时聪明。了了，颖悟。

[8]踧踖（cù jí）：手足无措的样子。

老人与海（节选）

［美国］海明威

刚才吃饭时，桌上没点灯。老人脱掉长裤便摸黑上了床。他将长裤卷起来当做枕头，还把那张昨天的报纸塞在里头。然后用毯子把身子一裹，躺在铺有其他旧报纸的弹簧垫子上睡了。

老人很快进入了梦乡，他梦见小时候看到的非洲，有长长的金色海滩和白色海滩，光线十分耀眼，还有高耸的海岬和褐色的大山。如今，每天夜里，他都会回到海岸边，在梦境中聆听海浪拍打岸上的隆隆声，看见土著人驾驶着小船穿越海浪前行。梦中，他似乎闻到了甲板上柏油和填絮的气味，还感受到了清晨从陆地刮来的风中夹杂着的非洲气息。

一般情况下，老人一闻到陆地上刮来的风，就会醒，然后穿上衣裳去叫醒那个男孩。然而今夜从陆地刮过来的风的气息似乎早了许多，在梦中，老人清楚地意识到这个风来得尚早，便继续把梦做下去。他看见海平面升起了白色的顶峰，随后又看到加那利群岛的每一个港湾和锚泊地。

老人不再梦见风暴，也梦不到妇女们；他梦不到伟大的事情，也不再梦见大鱼，他不再梦见打架，梦不见角力，更梦不见他的妻子。如今他能梦见的只是一些地方和海滩上的狮子。暮色中，狮子们像小猫一样嬉耍着。他爱它们，就像爱陪伴着他的这个男孩一样。但他一直没梦到过这个孩子。渐渐地，老人醒了，从敞开的门望了望外边的月亮，然后摊开长裤穿上出走窝棚。老人在外面撒了尿，然后顺着大路朝男孩住的地方走去，去叫醒男孩。清晨的寒气不禁让他冷得直哆嗦。但他知道哆嗦一阵子就会感到温暖，而且用不了多长时间他就要去划船了。

钢铁是怎样炼成的（节选）

［苏联］尼古拉·奥斯特洛夫斯基

保尔漫步在荒凉的小镇上，心中忧郁地想着……

不过，当他一想到明天就要去那个大城市，去和那些亲密的朋友们再度生活，便高兴起来了。那个大城市以其雄伟的力量、沸腾的生活、川流不息的人群、汽车和电车吸引着他、召唤着他……当然最有吸引力的是那些巨大的石头厂房，被煤烟熏黑的车间、机器，还有滑轮的柔和的沙沙声。此时此刻，他的心已经飞到了工厂……

可是，当他漫步在这个僻静的小镇时，他却感到无名的惆怅，他甚至有点厌恶这个生他养他的地方了……因此，他白天在户外散步时，心中总是闷闷不乐。

当保尔从台阶上走过去的时候，两个坐在那儿的长舌妇立时就指指点点议论起来了。

“喂，亲家母，你瞧，这是从哪儿出来了这么个可怕的东西？”

“看那样，是个痨病秧子！”

“可你瞧他那件好皮上衣，哼，肯定是偷来的……”

除此之外，还有许多令人生气的事儿。

也难怪，他生活在这里的根早已被拔掉了，现在大城市是他真正的天地。的的确确，同志之间的友谊和劳动的信念，已经把保尔和大城市牢牢地结合在一起了。

不知不觉地，保尔便来到了松林前。在他右边是阴森的旧监狱，监狱周围是一圈尖头木栅栏，监狱的后面，是医院那白色的房舍。瓦丽娅和她的同志们就在这里被执行了绞刑，现在只剩下一个空旷的广场。保尔在原来竖着绞架的地方站了一会儿后，就下了陡坡，来到了埋葬烈士们的公墓群里。不知是哪个好心人，用枞树枝编成的花圈围起了那一列坟墓，苍绿而真诚……笔直的松树耸立在陡坡上，新绿的嫩草长满了峡谷的斜坡……这里是小镇的近郊地带，清静而又阴冷。松林轻声细语不愿惊醒这里的旧梦，但又十分委屈。

复苏的大地，散发出一种强烈的春天的气息……就在这里，烈士长眠于地下……他们，是为了光明而牺牲的；他们用生命换来了人民的幸福……

保尔缓缓地摘下了帽子。他心中充满了无限悲愤和深切的缅怀……

人，最宝贵的是生命。生命对于每个人都只有一次。人的一生应该这样度过：当回首往事的时候，他不因虚度年华而悔恨，也不因庸庸碌碌而羞愧；在临终的时候，他可以说："我的整个生命和所有精力，都已贡献于世界上最壮丽的事业——为了人类的解放而斗争。"

人应当抓紧每一分钟，去过最充实的日子，因为意外的疾病或者悲惨的事故随时都可能突然结束他的生命。

怀着这种想法，保尔离开了烈士公墓。

小王子（节选）

［法国］安东尼·德·圣-埃克苏佩里

就在这个时候，跑过来一只狐狸。

"你好。"狐狸说。

"你好。"小王子很有礼貌地回答道。他转过身来，但是什么也没有看到。

"我在这儿呢，在苹果树的下面。"那声音说。

"你是谁？"小王子说，"你真漂亮。"

“我是一只狐狸。”狐狸说。

“来和我一起玩吧。”小王子说，“我很苦恼……”

“我不能和你一起玩。”狐狸说，“我还没有被驯服呢。”

“啊！真是对不起。”小王子说。

小王子思索了一会儿儿儿，又说道：

“什么叫‘驯服’呀？”

“你不是本地人吧。”狐狸说，“你是来寻找什么的呢？”

“我是来找人的。”小王子说，“什么叫‘驯服’呢？”

“人？”狐狸说，“他们有枪，他们还会打猎，这真是太碍事了！他们唯一的可取之处就是他们也养鸡，你是来寻找鸡的吗？”

“不！”小王子说，“我是来找朋友的。什么叫‘驯服’呢？”

“这是常常被人遗忘的事情，”狐狸说，“它的意思就是‘建立联系’。”

“建立联系？”

“一点也不错。”狐狸说，“对于我来说，你还只是一个小男孩，就像其他千千万万个小男孩一样，我不需要你，你也同样不需要我。对于你来说，我也不过只是一只狐狸，和其他千千万万只狐狸是一样的。但是，如果你驯服了我，那么我们就是互相不可缺少的了。对于我来说，你就是这个世界上唯一的了，我对于你来说，也是这个世界上唯一的了。”

鲁宾孙漂流记（节选）

[英国]丹尼尔·笛福

一九五九年九月三十日在一场可怕的风暴中，我所乘坐的船在一处离岸不远的海上失事，船上的伙伴全遭灭顶之灾，只有我九死一生地来到这个寂无人烟的凄凉小岛上，这个岛，我称它为绝望岛。

我整天为自己来到这样一个荒凉的地方而悲痛不已。在这里，我没有粮食、屋子、衣物和武器；也没有可以去的地方；更没有得救的希望，这样的生活让我感觉自己只有死路一条：不是被野兽吃掉，就是被野人杀死，要么就是死于饥饿。夜晚来临时，我因为害怕野兽的偷袭而睡在树上，虽然下了一夜的雨，但我还是睡得很香。

十月一日。早晨，我极其吃惊地看到，船随着涨潮浮了起来，被冲得离海岸更近了。一方面，这对我是一个安慰，我看到船仍直立在那里，没有被打成碎片。我希望，如果风力减弱了，我可以上船找些食物和必需品来维持生计；另一方面，它又让我陷入失去同伴的悲痛之中。我想，如果我们当时都在船上，我们或许可以挽救我们的船，至少，他们不至于会被淹死。若是他们也能获救，我们就可以用船的残骸造一艘舢板，把我们带到其他地方。在这一天的大部分时间里，我都对这件事痛苦懊丧。但是，后来我看到大船上并没有进多少水，我便走向沙滩的尽头，然后游水上了大船。这一天虽然没有一丝风，但雨一直下个不停。

十月一日至十月二十四日。这些天来，我每天都到大船上去，去了许多次，每次趁着潮水的升降用我的木筏把船上的东西全都运到了岸上。这些天仍然是阴雨连绵，当然，有时也会有几天的晴朗天气。不过，现在看来那段时期好像是雨季。

十月二十日。今天，木筏搁浅倾斜，所有运载之物都落入水中。好在翻排的地方水不深，落入水中的东西也很重，故没被水冲走。退潮以后，我去捞回了许多。

十月二十五日。雨伴着阵阵大风持续了一天一夜，后来，风越刮越猛。大船终于未能挺过狂风而支离破碎了，只有在退潮后才能看到它坍塌在水中的残骸。今日全天忙于覆盖从船上搬下来的物品，以免被雨水淋坏。

十月二十六日。我在海边上转了差不多整整一天，希望能找一个合适的地方作为我的住处，我最关心的就是不让野兽或者是野人在夜晚来袭击我。傍晚的时候，我终于在一个小山脚那里找到了符合我要求的地方，我在那里画了一个半圆圈作为自己宿营的地方，然后我决定就沿着那半圆圈安上两层木桩之后，再盘上缆索，外面又加上一层草皮，做成了一个坚固的围墙或堡垒。

二十六日至三十日。我继续埋头苦干，把全部货物搬到我的新家，虽然这里有时会大雨倾盆。

三十一日。早晨我带着枪深入孤岛腹地，一则是为了能找点吃的，一则是为了查看一下小岛的环境。我从山顶上开枪，打死了一只母山羊，这只母羊的孩子——一只小羊跟着我回了家，后来我不得不把它也杀了，因为无论怎样它都不肯吃东西。

十一月一日。我在山脚下架了一个很大的帐篷，里面又钉了几个木桩用来挂吊床，在这儿我安安稳稳地睡了第一夜。

简·爱（节选）

［英国］夏洛蒂·勃朗特

"你这个女巫，果真看到了我的心！"罗切斯特先生插话进来说，"但是自这面纱上面，除去绣花之外，你还发现了什么？难道说你发现了毒药或是匕首啦？所以目前才显得如此愁眉苦脸？"

"不是，不是的，先生。在这件精致与华丽的东西上面，我除去费尔费克斯·罗切斯特的骄傲外，没有发现任何其他的东西，但他的骄傲却并不令我害怕，我早已将那个魔鬼看惯了。不过，先生，当天渐渐黑下来时候，外面刮起了风，昨晚的风不像今天的这样狂暴凶猛，而是像一种凄惨呜咽的声音，要比现在的阴森可怕得多。如果你在家该有多好啊！我来到了这间屋子里面，看见椅子空着，炉火也没有生，心里觉得凄凉。我上床后，久久都不能入睡，有一种焦虑不安的心情在折磨着我。风刮得越来越猛了，我觉得都将那种低沉的悲哀呜咽声盖住了。起初，我无法分辨那种悲哀的呜咽声是自外面传进来的，还是自房子内发出的，可是只要是风声暂时停歇，那声音便会再次响起来。到了最后，我觉得那肯定是远处的一条狗在叫。终于它不再叫了，这让我觉得很高兴。睡着时，我还在梦中继续看着怒吼狂风的沉沉夜色。在梦中，我还继续希望能够和你在一起，奇怪并且遗憾地感到会有一个什么障碍，将我们阻隔开来。在我头一次醒来前，我自头到尾都梦到在一条陌生而又弯曲的道路上面走着，四周是一片漆黑，雨对我进行着抽打，我怀里抱着一个小孩，那是一个非常小的娃娃，小并且虚弱，还不会走路，他在我的怀中瑟瑟发抖，冲我的耳朵号啕大哭。当时我感觉，先生，你就在我前面那大路上，离我非常远，我竭尽全力想要赶上你，并且还一再大声地叫着你的名字，想乞求你停下来，但我却无论如何也无法走动，我的话还没等说出来便已经消失掉了。而你呢，我感觉，每时每刻都在朝着更远的地方走去。”

“简，现在我已经在你的面前，难道现在你还在为那个梦而感到压抑吗？你这神经紧张的小东西！将那些想象中的痛苦全都忘掉吧，只想一下现实当中的幸福！你说过你是爱我的，简妮特。是的，我是不会将这个忘掉的，你也不能够否认。那些话并没有还没等说出来便消失掉。我已经听到你用温和的声音清楚地讲了出来。这当中的想法恐怕是太严肃了，不过却像是音乐一样动听——‘我认为，能够和你一起生活是令人感到非常愉快的。因为我爱你。’——再说一遍，你爱我吗，简？”

“我爱你，先生——我用自己的整个心灵在爱着你。”

【解题】

《简·爱》是十九世纪英国著名女作家夏洛蒂·勃朗特的代表作，也是一部带有自传色彩的长篇小说，它阐释了这样一个主题：人的价值＝尊严＋爱。

1984（节选）

[英国]乔治·奥威尔

温斯顿在日记中写道：“如果有希望的话，那就是无产者。”

之所以这样说，是因为党是不可能被从内部推翻的，只有从外部，只有将无产者联合起来，才能将它推翻。无产者人口数占大洋国人口数的百分之八十五，是绝对的大多数。

如果单凭现在的反党组织，比如传说中的兄弟团，是无法将党推翻的。他们的势力太薄弱，只能暗中小打小闹，造反对于他们来说更像是一句口号、一个幻想。但是对于无产者来说则不同了，他们只是现在还没有意识到自己有多强大，等他们意识到党不过是无产者身上的一只寄生虫，他们只需要抖一抖身子，就能将党灭亡。这一天迟早会到来的。但是，有一件事情给他留下了深刻的印象。那天，他正走在街上，突然听到前面传来了一阵女人的叫喊声。叫喊声非常大，起码有几百个女人。他非常兴奋，心想无产者终于革命了，便迈腿向前跑去。他越跑越激动，等他来到出事地点的时候傻眼了，有几百个妇女围在一起抢购东西。原来是一个商贩在卖铁锅，由于铁锅属于紧俏物资，所以吸引了几百个妇女来抢购。但是铁锅有限，没有抢到的妇女非常失望，刚才那一阵叫喊声就是商贩说铁锅卖完了，妇女们发出的失望的声音。事情还没有完，买到铁锅的想赶紧溜回家；没买到铁锅的指责商贩走后门。起初一致指责商贩的商讨声，不一会儿就变成了两两之间的诉苦声。还有一对妇女打得不可开交，两人都披头散发，每人抓住铁锅的一只把，口中还不断地骂出一些很难听的脏话。由于这批铁锅都是残次品，质量非常差，最后就被弄烂了，谁也没得到。温斯顿看到这些不免有些失望。可是，刚才她们集体愤怒的时候，其中蕴涵着一股巨大的力量。可惜的是，这股力量用错了地方。

“如果他们不觉悟，就绝不会造反；他们不去造反，就永远不会觉悟。”他想，这句话真像是一句口号。在对待无产者的问题上，党一直在用双重思想原则。一方面党自称是人民的救星，把人民从万恶的资本主义魔爪下解放出来。比如，说革命前的资本主义如何剥削无产者，让无产者吃不饱、穿不暖、整日劳作，被压迫和剥削；孩子们被卖到工厂当童工，妇女要下矿挖煤。事实上，现在的孩子也还在做童工，妇女也还需要下矿。另一方面，党又说无产者的素质很低，只能被引导。于是制定出几条政策，把自己封为无产者的当家人。事实上根本没人真正关心无产者，在他们眼中无产者就是牲口。只要牲口干活、繁殖、不捣乱，其余的就不会有问题。党对待无产者就像放牧一样，任他们自给自足、自生自灭。无产者逐渐恢复了以前的天性，过上了以前的生活。在他们眼中资本主义也好，什么主义也好，都无所谓。自己的生活还是几千年来无产者一直过的那种生活，出身贫苦家庭，在街头长大，十一二岁开始做工，二十岁结婚，养几个孩子，把孩子拉扯大，六十岁基本上就走到了生命的尽头。他们的生活中充满了艰辛、争吵、苦难，偶尔也有足球、啤酒、电影带来的短暂的快乐，这就是他们生活的全部。想要控制他们也非常简单，不用讲什么道理，不需要什么口号，只要将其中几个带头分子找出来处理掉就行，杀鸡儆猴。

无产者对自己的要求也特别低，党需要他们多出力的时候，少拿报酬的时候根本不用跟他们商量，直接把决定告诉他们就行。尽管有时候他们也会不满，不过完全不用担心，他们不会闹起来。因为无产者的目光短浅，每个人都只瞅着自己手中的那点东西。大多数无产者家中没有电幕，警察也很少上门，他们就像是被骗过的马，失去了野性，只知道干活。在伦敦无产者的居住区犯罪活动非常猖獗，盗窃、抢劫、诈骗、贩毒、卖淫等；但是党对此不闻不问，因为无产者不重要。在其他方面，党制定的一些政策也不适用于无产者，比如禁欲方面，随便他们乱搞，随便离婚。就连信仰都被允许随便改动。党有一句口号能很好地反映他们是如何对待无产者的。这句口号是："无产者和牲口都是自由的。

爱的教育（节选）

[意大利]艾得蒙多·德·亚米契斯

感恩

安利柯啊！如果是你的朋友斯带地，绝不会说先生的不是的。你今天狠狠地说"先生态度不好"，你对自己的父亲母亲，不是也常有态度不好的时候吗？先生有时不高兴是当然的，他为了小孩们，不是劳动了许多年月了吗？学生之中有情义的固然不少，然而也有许多不知好歹，蔑视先生的亲切，轻看先生的劳力。平均说来，做先生的苦闷胜于满足。无论怎样的圣人，处在那样的地位，能不时时动气吗？并且，有时还要耐心去教导那生病的学生，神情的不高兴是当然的。

应该敬爱先生：因为先生是父亲所敬爱的人，因为是为了学生牺牲自己一生的人，因为是开发你精神的人。先生是要敬爱的啊！你将来年纪大了，父亲和先生都去世了，那时，你再想起你父亲的时候也会想起先生来吧，那时想起先生的那种疲劳的样子，那种忧闷的神情，你会觉得现在的不是了吧。意大利全国五万的学校教师，是你们未来国民精神上的父亲。他们立在社会的背后，拿着轻微的报酬，为国民的进步发达劳动着。你的先生就是其中的一人，所以应该敬爱。你无论怎样爱我，但如果对于你的恩人——特别的是对于先生不爱，我断不喜欢。应该将先生当做叔父一样来爱他。不论待你好，或责骂你，都要爱他。不论先生是的时候，或是你以为错了的时候，都要爱他。先生高兴，固然要爱，先生不高兴，尤其要爱他。无论何时，总须爱先生啊！先生的名字，永远须用了敬意来称呼，因为除了父亲的名字，先生的名字是世间最尊贵、最可仰慕的名字呢！

父亲

戏剧卷

戏剧不是要印出来给人念的，而是要在舞台上给人们看生命的真实。因此，戏剧是文艺中最难的。世界上一整个世纪也许不产生一个戏剧家，因为戏剧家的天才，不仅限于明白人生和文艺，而且还须明白舞台上的诀窍。

——老舍 现代文学家，曾任北京大学教授

小[illegible]經典課

雷雨（节选）

曹禺

鲁贵慌忙由中门下。四凤端着药碗向饭厅门，至门前，周繁漪进。她一望就知道是个果敢、阴鸷的女人，她的脸色苍白，只有嘴唇微红，她的大而灰暗的眼睛同高鼻梁令人觉得有些可怕。但是眉目间看出来她是忧郁的，在那静静的长的睫毛的下面。有时为心中的郁积的火燃烧着，她的眼光会充满了一个年轻妇人失望后的痛苦与怨望，她的嘴角向后略弯，显出一个受抑制的女人在管制着自己。她那雪白细长的手，时常在她轻轻咳嗽的时候，按着自己瘦弱的胸。直等自己喘出一口气来，她才摸摸自己涨得红红的面颊，喘出一口气。她是一个中国旧式女人，有她的文弱、她的哀静、她的明慧——她对诗文的爱好，但是她也有更原始的一点儿野性：在她的心、她的胆量、她的狂热的思想，在她莫明其妙的决断时忽然来的力量。整个地来看她，她似乎是一个水晶，只能给男人精神的安慰，她的明亮的前额表现出深沉的理解，像只是可以供清谈的；但是当她陷于情感的冥想中，忽然愉快地笑着；当她见着她所爱的，红晕的颜色为快乐散布在脸上，两颊的笑涡也显露出来的时节，你才觉得出她是能被人家爱的，应当被人爱的，你才知道她到底是一个女人，跟一切年轻的女人一样。

她会爱你如一只饿了三天的狗咬着它最喜欢的骨头，她恨起你来也会像只恶狗狺狺地，不，多不声不响地狠狠地吃了你的。然而她的外形是沉静的、忧郁的，她会如秋天傍晚的树叶轻轻落在你的身旁，她觉得自己的夏天已经过去，西天的晚霞早暗下来了。

她通身是黑色。旗袍镶着灰银色的花边。她拿着一把蒲扇，挂在手指下，走进来。她的眼睛略微有点塌进，很自然地望着四凤。

哈姆雷特（节选）

[英国]莎士比亚

生存还是毁灭，这是一个值得考虑的问题；默然忍受命运的暴虐的毒箭，或是挺身反抗人世的无涯的苦难，通过斗争把它们扫清，这两种行为，哪一种更高贵?

死了；睡着了；什么都完了；要是在这一种睡眠之中，我们心头的创痛，以及其他无数血肉之躯所不能避免的打击，都可以从此消失，那正是我们求之不得的结局。

死了；睡着了；睡着了也许还会做梦；嗯，阻碍就在这儿：因为当我们摆脱了这一具朽腐的皮囊以后，在那死的睡眠里，究竟将要做些什么梦，那不能不使我们踌躇顾虑。

人们甘心久困于患难之中，也就是为了这个缘故；谁愿意忍受人世的鞭挞和讥嘲、压迫者的凌辱、傲慢者的冷眼、被轻蔑的爱情的惨痛、法律的迁延、官吏的横暴和费尽辛勤所换来的小人的鄙视，要是他只要用一柄小小的刀子，就可以清算他自己的一生？

谁愿意负着这样的重担，在烦劳的生命的压迫下呻吟流汗，倘不是因为惧怕不可知的死后，惧怕那从来不曾有一个旅人回来过的神秘之国，是它迷惑了我们的意志，使我们宁愿忍受目前的磨折，不敢向我们所不知道的痛苦飞去？

这样，重重的顾虑使我们全变成了懦夫，决心的赤热的光彩，被审慎的思维盖上了一层灰色，伟大的事业在这一种考虑之下，也会逆流而退，失去了行动的意义。

且慢！美丽的奥菲利娅！——女神，在你的祈祷之中，不要忘记替我忏悔我的罪孽！

【解题】

《哈姆雷特》是最著名的悲剧之一，也是莎士比亚最负盛名的剧本，同《麦克白》、《李尔王》和《奥赛罗》一起组成了莎士比亚的“四大悲剧”。在《哈姆雷特》中，复仇的故事中交织着爱恨情愁。同时，哈姆雷特也是该剧主人公丹麦王子的名字。这段节选正是哈姆雷特的独白。

罗密欧与朱丽叶（节选）

［英国］莎士比亚

第二场　同前。凯普莱特家的花园

［罗密欧上。］

罗密欧：没有受过伤的才会讥笑别人身上的创痕。（朱丽叶自上方窗户中出现）轻声！那边窗子里亮起来的是什么光？那就是东方，朱丽叶就是太阳！起来吧，美丽的太阳！赶走那妒忌的月亮，她因为她的女弟子比她美得多，已经气得面色惨白了。既然她这样妒忌着你，你不要忠于她吧；脱下她给你的这一身惨绿色的贞女的道服，它是只配给愚人穿的。那是我的意中人；啊！那是我的爱；唉，但愿她知道我在爱着她！她欲言又止，可是她的眼睛已经道出了她的心事。待我去回答她吧；不，我不要太鲁莽，她不是对我说话。天上两颗最灿烂的星，因为有事离去，请求她的眼睛替代它们在空中闪耀。要是她的眼睛变成了天上的星，天上的星变成了她的眼睛，那便怎样呢？她脸上的光辉会掩盖了星星的明亮，正像灯光在朝阳下黯然失色一样；在天上的她的眼睛，会在太空中大放光明，使鸟儿误认为黑夜已经过去而唱出它们的歌声。瞧！她用纤手托住了脸，那姿态是多么美妙！啊，但愿我是那一只手上的手套，好让我亲一亲她脸上的香泽！

朱丽叶：唉！

罗密欧：她说话了。啊！再说下去吧，光明的天使！因为我在这夜色之中仰视着你，就像一个尘世的凡人，张大了出神的眼睛，瞻望着一个生着翅膀的天使，驾着白云缓缓地驰过了天空一样。

朱丽叶：罗密欧啊，罗密欧！为什么你偏偏是罗密欧呢？否认你的父亲，抛弃你的姓名吧；也许你不愿意这样做，那么只要你宣誓做我的爱人，我也不愿再姓凯普莱特了。

罗密欧：（旁白）我是继续听下去呢，还是现在就对她说话？

朱丽叶：只有你的名字才是我的仇敌；你即使不姓蒙太古，仍然是这样的一个你。姓不姓蒙太古又有什么关系呢？它又不是手，又不是脚，又不是手臂，又不是脸，又不是身体上任何其他的部分。啊！换一个姓名吧！姓名本来是没有意义的；我们叫做玫瑰的这一种花，要是换了个名字，它的香味还是同样的芬芳；罗密欧要是换了别的名字，他的可爱的完美也决不会有丝毫改变。罗密欧，抛弃了你的名字吧；我愿意把我整个的心灵，赔偿你这一个身外的空名。

红旗出版社
RED FLAG PRESS
推动进步的力量

图书在版编目（CIP）数据

北大经典课 / 经典课程编委会编著 .
— 北京 ：红旗出版社，2014.11（2018.8 重印）
ISBN 978-7-5051-3198-9

Ⅰ . ①北… Ⅱ . ①经… Ⅲ . ①文化—世界—通俗读物 Ⅳ . ① G11-49

中国版本图书馆 CIP 数据核字（2014）第 231211 号

书　　名　北大经典课
编　　著　经典课程编委会
出 品 人　高海浩　　　　责任编辑　赵智熙　周艳玲
总 监 制　徐永新　　　　封面设计　刘淑媛
出版发行　红旗出版社　　地　　址　北京市沙滩北街 2 号
邮政编码　100727　　　　编 辑 部　010-64071348
E-mail　hongqi1608@126.com
发 行 部　010-64024637
印　　刷　北京市松源印刷有限公司
开　　本　787 毫米 ×1092 毫米 1/16
字　　数　170 千字　　　印张　20
版　　次　2014 年 12 月北京第 1 版　2018 年 8 月北京第 2 次印刷
ISBN 978-7-5051-3198-9　　定价　39.80